Das Bonhoeffer Weihnachtsbuch

Einleitung

›Alle Jahre wieder …‹ kommt die Weihnachtszeit – diese besondere Zeit voller Erwartung und Sehnsucht. Viele Menschen wünschen sich (mehr noch als Geschenke), dass es ihnen gelingt, aus der Hektik des Alltags auszusteigen und diese Wochen besinnlich zu verleben, die Festtage harmonisch im Kreis der Familie zu feiern. Doch wie schwer das fällt! Dieses *Bonhoeffer Weihnachtsbuch* kann ein Wegbegleiter durch die Advents- und Weihnachtszeit sein, der dabei hilft, diese Tage zu gestalten.

Dietrich Bonhoeffer ist weithin bekannt, auch bei Menschen, die mit Kirche vielleicht kaum etwas anfangen können. Dieser evangelische Theologe ist vielen ein persönliches Vorbild, denn er hat den christlichen Glauben überzeugend gelebt und für seinen Widerstand gegen die Nazi-Diktatur mit dem Leben bezahlt. Was weniger bekannt ist: Er stand nicht allein. Er war getragen vor allem durch seine *Familie*. Die Bonhoeffers waren nicht nur zahlreich, sondern sie pflegten auch einen außerordentlich starken Zusammenhalt. Dieser gründete in gemeinsamen Werten und Überzeugungen – und wurde gefestigt durch vielfältige Unternehmungen: In dieser großbürgerlichen Familie hat man musiziert, vorgelesen, diskutiert, gespielt, gefeiert, Wanderungen gemacht … und dabei weder Kosten noch Mühen gescheut.

Die Mutter, *Paula Bonhoeffer*, stammte aus einem evangelischen Pfarrhaus und zählte etliche berühmte Theologen zu ihren Vorfahren. Die Frömmigkeit im Hause Bonhoeffer war liberal – noch nicht einmal an Heiligabend ging man in die Kirche! Dennoch war das Christentum von großer Bedeutung und wurde durch häusliche Traditionen gepflegt. Ganz besonders galt dies für die Advents- und Weihnachtszeit, wo die Abläufe alljährlich wiederkehrten: ob es das Anrühren des Lebkuchenteigs war oder der Brief an das Christkind, das Aufstellen der Weihnachtskrippe, die Verlesung der Weihnachtsgeschichte im Kreis der Familie oder das auswendige Singen von Gesangbuchliedern – alles war bis ins kleinste Detail festgelegt und wurde wie ein liturgisches Ritual mit religiöser Qualität zelebriert.

Woher wissen wir das? Über das Familienleben der Bonhoeffers sind wir durch die Aufzeichnungen von Dietrichs jüngster Schwester *Susanne* bestens informiert. Ihre Beschreibungen sind so anschaulich und plastisch, detailliert und humorvoll, dass man beim Lesen das Gefühl bekommt, selbst mit am Esstisch gesessen zu haben. In ihrer Autobiographie ›Aus dem Leben der Familie Bonhoeffer‹ widmet sie ein ganzes Kapitel dem Thema *›Die Weihnachtszeit in der Familie Bonhoeffer‹*.

Dieses Kapitel, das einen Höhepunkt ihrer Erinnerungen darstellt, wird hier fortlaufend und in voller Länge wiedergegeben (dabei werden Begriffe, die mit * gekennzeichnet sind, am Ende dieses Buches erklärt). Den einzelnen Abschnitten wird jeweils ein passender Text von Dietrich Bonhoeffer gegenüber gestellt. Die Perspektiven der beiden

Geschwister bereichern sich dadurch gegenseitig und treten in einen subtilen Dialog miteinander: Susanne erzählt aus dem Leben der Familie – und Dietrich bietet eine theologische Reflexion.

»Goldene Buchstaben auf rotem Grund …« – mit diesem Worten beginnt Susanne ihre frühesten Kindheitserinnerungen an die Weihnachtszeit, und so beginnt auch dieses Buch. *»Lass warm und hell die Kerzen heute flammen …«* heißt es in Dietrich Bonhoeffers weltbekanntem Gedicht ›Von guten Mächten wunderbar geborgen‹: Dieser Text war zur Jahreswende 1944/1945 sein Weihnachtsgeschenk an die Familie – ein Gruß aus der Dunkelheit seiner Gefängniszelle und eines der letzten Lebenszeichen von ihm. Mit diesem Text endet unsere Auswahl. Zusammen mit der kostbaren Gestaltung ist ein Geschenkbuch entstanden, mit dem man lieben Menschen oder sich selbst eine Freude machen kann und das Orientierung bietet für die eigene Gestaltung der Advents- und Weihnachtszeit.

Gnadenthal, Johannistag 2019 Jutta Koslowski

Die Weihnachtszeit in der Familie Bonhoeffer – Erinnerungen von Dietrich Bonhoeffers jüngster Schwester Susanne

Goldene Buchstaben auf rotem Grund – das erschien mir mit vier Jahren die einzig mögliche Form, um davon zu berichten, wie das Christkind in unsere Familie kam. Das gute Hörnchen* war bereit, mit Tuschpinsel und Goldbronze auf rote Pappe zu malen. So liegt mein erstes, in fremde Feder diktiertes, literarisches Produkt heute noch vor mir. Es war ein Weihnachtsgeschenk für die Eltern. Ganz schwach entsinne ich mich noch des beglückten Staunens darüber, dass meine Gedanken ›goldene Worte‹ wurden – für andere lesbar, wenn auch nicht für mich.

Predigt zu Offenbarung 3,20

Barcelona, 1. Advent, 2. Dezember 1928

Advent feiern heißt warten können.
Warten ist eine Kunst,
die unsere ungeduldige Zeit vergessen hat.
Wer nicht die herbe Seligkeit des Wartens,
das heißt des Entbehrens in Hoffnung, kennt,
der wird nie den ganzen Segen der Erfüllung erfahren.
Auf die größten, tiefsten, zartesten Dinge in der Welt
müssen wir warten, da geht's nicht im Sturm,
sondern nach den göttlichen Gesetzen des Keimens
und Wachsens und Werdens.

(DBW 10, 529)

Einmal habe ich es gesehen, das Christkind. Vom Bett aus. Noch in der Brückenallee. Es flog den langen Korridor entlang, von der Veranda ganz hinten bis nach vorne ins Weihnachtszimmer. Es war sehr hell und schnell. Das war am Tag vor Heiligabend. Da musste es ja so eilen. Die Großen waren im Weihnachtszimmer, aber wir drei Kleinen mussten an diesem Abend besonders zeitig ins Bett. Manchmal klangen Weihnachtslieder bis zu uns; wir hatten die Tür einen kleinen Schlitz offengelassen. Der Korridor war ganz dunkel. Da flog das Christkind vorbei. Die Zwillinge haben es nicht gesehen. Vielleicht hatten sie auch schon die Augen zugehabt (obwohl sie das Gegenteil behaupteten). Es waren am nächsten Morgen ein paar silberne Engelshaare auf dem Kokosläufer vor der Tür. Also doch!

Predigt zu Lukas 21,28

London, 1. Advent, 3. Dezember 1933

Und nun sagt uns der erste Advent nichts anderes als dies: Deine Erlösung, eure Erlösung naht! Sie klopft schon an, hört ihr es nicht? Sie will sich den Weg durch all den Schutt, durch all das harte Gestein eures Lebens, eures Herzens bahnen; das geht nicht schnell, aber er kommt, Christus bricht sich den Weg zu euch, zu euren Herzen, er will unser Herz, das hart geworden ist, wieder erweichen im Gehorsam gegen ihn, er ruft uns gerade in diesen Wochen des Wartens, des Wartens auf Weihnachten immer wieder zu: dass er kommen will und dass er allein uns retten wird aus dem Gefängnis unseres Daseins, aus der Angst, aus der Schuld, aus der Einsamkeit.

(DBW 13, 335)

Immer fand man vor Weihnachten hie und da Engelshaare, und das machte mich sehr glücklich. Ich hob sie auf und hängte sie später selbst vorsichtig an den Baum, wohin sie ja wohl gehörten, behielt aber manchmal auch heimlich eins in der Puppenstube. Mit leisem Lächeln wurde mir von den Großen geglaubt, dass ich das Christkind gesehen hätte. Das war sehr schön für mich. Durch ein Schlüsselloch hätte ich nie geguckt oder durch eine offen gebliebene Tür. Ich wusste, dann war es bestimmt weg. Es zeigte sich nur aus Versehen, nicht den Neugierigen. Als wir später im Krieg in der Wangenheimstraße Weihnachten feierten, glaubte ich noch lange fest an das Christkind. Andere Kinder bekamen die Geschenke von ihren Eltern, Verwandten, Freunden – aber nichts vom Christkind. Das war wirklich schade für sie, auch wenn es viel war. Wenn die Eltern alles schenken wollten, brauchte das Christkind gar nicht einzugreifen.

Predigt zu Offenbarung 3,20

Barcelona, 1. Advent, 2. Dezember 1928

Gott kommt, der Herr Jesus kommt, Weihnachten kommt, freu dich o Christenheit! So klingt's heute zum erstenmal wieder zu uns herüber. Schon wollen wir in der Ferne hören, den Engelsgesang von Ehre Gottes und dem Frieden auf Erden, aber noch ist's nicht so weit, noch heißt's lerne warten, und warte recht. Mach die Wartezeit zu einer seligen Zeit des Vorbereitens.

(DBW 10, 530)

Bald glaubten die Großen mir nicht mehr, dass ich noch so harmlos gläubig wäre. Besonders Klaus und Christel erzählten mir Mordsgeschichten: Das Christkind könne dieses Jahr nicht kommen, es wäre beim Einsteigen ins Haus von der Leiter gefallen und hätte sich das Bein gebrochen. Oder ein andermal, es hätte sich an der Schiebetür den Flügel geklemmt – und sie machten mir vor, wie sie es vorgefunden und befreit hätten. Aber nun läge es in der Charité*. Ich glaubte ihnen natürlich kein Wort, fand sie bloß gotteslästerlich und wusste, sie wollten mich ärgern. Es waren wohl ungeschickte Aufklärungsversuche. Aber sie fruchteten nicht bei mir. So früh entwickelt und aufgeklärt ich sonst war – hier verhielt ich mich kleinkindhaft, bis gar nichts mehr zu machen war und ich einsehen musste, dass es doch sehr irdisch auf der Erde zugeht.

Predigt zu Lukas 1,46-55

London, 3. Advent, 17. Dezember 1933

Wer von uns wird Weihnachten recht feiern?
Wer alle Gewalt, alle Ehre, alles Ansehen,
alle Eitelkeit, allen Hochmut, alle Eigenwilligkeit
endlich niederlegt an der Krippe,
wer sich hält zu den Niedrigen
und Gott allein hoch sein lässt,
wer im Kind in der Krippe
die Herrlichkeit Gottes gerade in der Niedrigkeit schaut,
wer mit Maria spricht:
Der Herr hat meine Niedrigkeit angesehen.
Meine Seele erhebt den Herrn
und mein Geist freuet sich Gottes,
meines Heilandes.

(DBW 13, 343)

Es wirkte erschreckend und bedrückend auf mich, dass der Glauben an einen persönlichen Eingriff göttlicher Mächte zur Gestaltung unserer Weihnachtsbescherung und unseres Familienlebens anlässlich eines kleinen Streits der Geschwister zur Illusion wurde, wer wohl eine Kugel so ungeschickt und absturzgefährdet aufgehängt habe. Da empfand ich zum ersten Mal, dass Wissen traurig machen kann. Dabei rührte es mich zugleich, dass alle Liebe von den Großen um mich her kam. Darum fühlte ich mich nicht von ihnen, sondern eher vom Christkind selbst betrogen. Nun habe ich mich bemühen müssen, Weihnachten weiterhin so schön zu finden wie bisher.

Aus Dietrich Bonhoeffers »Ethik«

Wie Gott Mensch wurde und nie mehr als Idee, sondern nur als Menschgewordener erkannt werden kann, so nahm auch die Liebe Gottes Weltgestalt an und nur als solche, nie aber als blasse Idee, ist sie die Liebe Gottes.

(DBW 6, 240)

Bubi, mein Freund und Nachbar, sagte, es gäbe keinen Niklas – und Engel auch nicht. »Vielleicht glaubst du auch nicht an den Herrn Jesus?«, fragte ich entrüstet. »Gibt es etwa auch kein Christkind?« Doch, den Herrn Jesus gab es und Christkind und Krippe, ja – aber der Weihnachtsmann war Quatsch. Den Weihnachtsmann verachtete auch ich restlos; aber der Nikolaus, das war doch etwas anderes. Der lebte ganz im Norden in Russland. Da glaubte Bubi, mich besiegt zu haben: Wenn der in Russland lebt, kam er jetzt im Krieg doch überhaupt nicht durch. »Na, der fliegt doch irgendwie«, meinte ich, »für den ist doch kein Krieg, wie für Engel.« – »Engel sind Quatsch«, sagte Bubi. Da hielt ich jede Diskussion für sinnlos und schritt zur Tat – zur Vernichtung der Gottlosigkeit in Gestalt meines Freundes Bubi. Ich prügelte auf ihn ein mit der ganzen Hingabe, mit der sich einst Kreuzritter gegen Sarazenen geworfen hatten – zur Ehre des Niklas! Bubi war so verblüfft, dass ich ihn schnell am Boden besiegt hatte, obwohl er sonst doch stärker und außerdem ein Jahr älter war als ich. Aber mit Gottes Hilfe! Bubi verließ das Feld, nachdem er zugegeben hatte, dass vielleicht doch ...? Und versprochen hatte, sich dem Niklas bei uns zu stellen, und zwar bald.

Predigt zu Offenbarung 3,20

Barcelona, 1. Advent, 2. Dezember 1928

Christus wandelt auf der Erde, solange es Menschen gibt, als dein Nächster, als der, durch den Gott dich anruft, anspricht, Ansprüche stellt. Das ist der größte Ernst und die größte Seligkeit der Adventsbotschaft. Christus steht vor der Tür, er lebt in Gestalt des Menschen unter uns, willst du ihm die Tür verschließen oder öffnen? Sonderbar mag es uns vorkommen, in so nahem Antlitz Christus zu sehen, aber er hat's gesagt, wer sich diesem Wirklichkeitsernst der Adventsbotschaft entzieht, kann auch vom Kommen Christi in sein Herz nicht reden. Wer nicht aus dem Kommen Christi lernt, dass wir alle Brüder sind durch Christus, durch Gott, der hat vom Sinn des Kommens nichts verstanden.

(DBW 10, 533)

Der 10. Dezember war der Tag, an dem der Nikolaus zu uns kam (und nicht der 6. wie in anderen Familien). Das hatte wohl den praktischen Grund, dass mein Bruder Walter an diesem Tag Geburtstag hatte und somit ein Fest eingespart werden konnte in dieser ohnehin so festreichen Zeit. Ich empfand es aber als besondere göttliche Zuwendung, dass der Niklas, den ich innig liebte und als Person kaum von Gottvater aus meiner Bilderbibel zu unterscheiden vermochte, sich so in unser Familienleben einpasste. Es muss im Jahr 1916 gewesen sein, und mein Freund Bubi wurde durch den liebenswerten Niklas-Auftritt meiner Mutter völlig bekehrt, sodass er nun auch Engel zu sehen wünschte. Meine Mutter hätte ihm das allerdings nicht bieten können; ihr lag mehr der Niklas.

Predigt zu Offenbarung 3,20

Barcelona, 1. Advent, 2. Dezember 1928

Wir haben uns an den Gedanken der göttlichen Liebe und des weihnachtlichen Kommens so gewöhnt, dass wir nicht mehr den Schauer spüren, den Gottes Kommen in uns wachrufen sollte; wir sind abgestumpft gegen die Botschaft, nehmen nur das Willkommene, Angenehme davon auf und vergessen den gewaltigen Ernst dessen, dass der Weltengott sich den Menschen auf unserer kleinen Erde nähert und nun uns beansprucht.
Das Kommen Gottes ist wahrhaftig nicht nur Freudenbotschaft, sondern zunächst eine Schreckensnachricht für jeden, der ein Gewissen hat.
Und erst, wenn wir den Schrecken der Sache empfunden haben, können wir die unvergleichliche Wohltat erkennen.

(DBW 10, 532)

Einmal, als die Großen (noch in Breslau) Zweifel geäußert hatten, bat meine Mutter Hörnchen darum, den Niklas zu machen, weil sie nicht immer gerade dann weg sein wollte, wenn er käme. Ich war damals zwei Jahre alt und musste eilig entfernt werden, denn (über alle Maskierung mit Bart und tiefer Brummstimme hinweg) streckte ich meine Arme nach der lieben »Hon-Hon« aus und nannte sie auch vernehmlich so. Aber davon wusste ich natürlich in den folgenden Jahren nichts mehr, als ich begriff, was der Niklas wollte.

Aus einem Brief Dietrich Bonhoeffers an die Eltern während der Zeit seines Vikariats

Barcelona, 10. Dezember 1928

Liebe Eltern!
Am heutigen Tag sind die Gedanken wieder viel zu Haus. Wenn man in so viel Häusern hier die Kinder sich auf Weihnachten freuen sieht, da kommen einem die Erinnerungen an die Zeit, als man selbst so alt war, wieder ganz nah und es kommt einem manchmal so vor, als ob die Weihnachtslieder, die man da singen hört, eigentlich einem nur selbst gehört hätten.

(DBW 10, 114)

Mit Engeln hatte ich keine so engen Beziehungen. Ältere Tanten, die von meinem lieben Schutzengelein redeten, das sicher traurig wäre, wenn ich nicht einschlafen wollte, mochte ich nicht. Märchen von ungezogenen Engeln fand ich beruhigend schön. Engel waren so grässlich gut. Ich hätte nicht gewollt, dass jedes Jahr einer käme. Es gab sie natürlich, daran zweifelte ich nicht – aber ich hatte nicht das Gefühl, dass sie es auf mich abgesehen hätten. Sie mochten mich wohl auch nicht sehr, und sie bemühten sich nicht um meine Aufmerksamkeit, weil ich eben nicht besonders gut war. Gott und der Herr Jesus waren mir viel näher als diese braven Boten. Nur den Erzengel Michael mochte ich, als ich später von ihm hörte: der mit dem Schwert gegen den Teufel kämpfte und nicht so blassblond wie die anderen gemalt war.

Aus Dietrich Bonhoeffers »Ethik«

Seht den menschgewordenen Gott, das unergründliche Geheimnis der Liebe Gottes zur Welt. Gott liebt den Menschen. Gott liebt die Welt. Nicht einen Idealmenschen, sondern den Menschen, wie er ist, nicht eine Idealwelt, sondern die wirkliche Welt. Was uns verabscheuungswürdig ist in seiner Widergöttlichkeit, wovor wir uns zurückziehen in Schmerz und Feindschaft, der wirkliche Mensch, die wirkliche Welt, das ist für Gott Grund unergründlicher Liebe, damit vereint er sich aufs innigste. Gott wird Mensch, wirklicher Mensch. Während wir uns bemühen, über unser Menschsein hinauszuwachsen, den Menschen hinter uns zu lassen, wird Gott Mensch und wir müssen erkennen, dass Gott will, dass auch wir – Menschen, wirkliche Menschen seien.

(DBW 6, 70)

Die Weihnachtsbäckerei duftet, wenn wir aus der Schule kommen, durch das ganze Haus. In der Küche liegen braune Berge auf zwei Tischen, während an dem großen Platz in der Mitte Hörnchen in weißer Schürze steht und Anna am Herd Bleche einschiebt. Zum Mittagessen gibt es heute Eintopf. Anna hat mit den Plätzchen so viel zu tun. Es ist in jedem Jahr derselbe Teig, aus dem gebacken wird; das Rezept ist Ahnenkult. Eigentlich beginnt Mitte Oktober die Weihnachtszeit damit, dass eines Tages nach dem Abendessen die Mädchen Mandeln, Zitronat und Pomeranzenschalen servieren und nun gleich am Tisch die Grundlagen für den Teig (der lange liegen muss) geschnitten werden – im trauten Verein. Die Jungens bleiben ebenfalls sitzen, aber mehr um der Gesellschaft und des Naschens willen. Ab und zu werden sie zum Nüsseknacken herangezogen. Sonst machen sie sich aber nur unnütz. Dann ruht die braune Masse in einer Tonschüssel in der Speisekammer – je länger, je besser.

Aus Dietrich Bonhoeffers »Ethik«

Das »Christliche« ist nun nicht etwas jenseits
des Menschlichen, sondern es will mitten
im Menschlichen sein.
Das »Christliche« ist nicht ein Selbstzweck,
sondern es besteht darin, dass der Mensch als Mensch
vor Gott leben darf und soll.
In der Menschwerdung bekundet Gott sich als den, der
nicht für sich selbst, sondern »für uns« da sein will.
Als Mensch vor Gott zu leben angesichts der
Menschwerdung Gottes kann also nur heißen,
nicht für sich selbst, sondern für Gott und die
anderen Menschen dazusein.

(DBW 6, 404)

Aber schließlich duftet es doch nach Plätzchen, wenn wir aus der Schule nach Hause kommen – und am Nachmittag dürfen wir sie glasieren helfen. Es sind immer dieselben Formen, die gebacken werden: Monde, Sterne, Herzen und Blätter. Später helfe ich dann beim Ausstechen und schließlich auch beim Ausrollen. Wie habe ich mich gequält, den starren Teig weich zu kneten! Aber solange man klein ist, darf man nur glasieren. Rosenwasser und Puderzucker und Zitrone oder etwas Himbeersaft werden lange, lange gerührt. Mit gescheuerten Händen, weißer Schürze und dickem Pinsel gerüstet, geht es dann an die Arbeit. Stück für Stück. Erst denkt man, der Berg wird nie enden – aber es sind ja viele Hände am Werk. Man ist sich sogar in diesem Saal von Küche fast im Weg, wenn man die bestrichenen Plätzchen auf einem Blech balancierend zu den breiten Fensterbrettern oder auf die ›Anrichte‹ im Vorflur trägt. Nur nicht zu dick bestreichen, sonst trocknet es zu langsam und schmeckt zu süß. Es geht pausenlos. Schularbeiten sind nicht gefragt. Und die Kleider riechen noch nach Pfefferkuchen, wenn sie abends neben dem Bett liegen.

Predigt zu Lukas 12,35-40

Berlin, 1. Advent, 29. November 1931

Darum liegt aber in all unserem Warten immer schon etwas von Resignation. Unsere sehnlichsten Hoffnungen, unsere Wünsche sind im Innersten immer schon gelähmt, weil wir uns innerlich darauf einstellen müssen, dass sie unerfüllt bleiben.
Wir wollen ja auch nicht unvernünftig sein. Und unvernünftig wäre es doch, mit etwas Zukünftigem so zu rechnen, als wäre es schon da, sich schon so darauf einzustellen, so fest darauf zu warten, zu hoffen, dass unser ganzes Leben zerbrechen muss, wenn es dann nicht kommt. Darum aber ist unser vernünftiges Warten ein gequältes Warten, ein unseliges Widereinander von Erraffen, Haben-wollen und doch dafür nichts aufgeben wollen, von in die Zukunft hinein phantasieren und doch an der Gegenwart kleben, sich auf etwas gespannt richten und doch schon immer vorwegnehmen. Und wir spüren wohl, dass über solches Warten die Seligpreisung Christi nicht gesprochen ist, dass solches Warten nicht das Warten des Advent ist.

(DBW 11, 390)

Mitte Oktober wurde es auch höchste Zeit für die Weihnachtsbesorgungen. In dieser Zeit schwänzte ich oft die Schule, um mit meiner Mutter in die Stadt zu gehen. Am Nachmittag vermied sie möglichst, sich in das Getümmel zu begeben. Nur wenn es sehr drängte, blieb sie manchmal den ganzen Tag über beim Einkaufen und füllte Sammelbuch um Sammelbuch. Dann verabredeten wir einen Treffpunkt; ich kam nach der Schule dazu, und wir aßen irgendwo schön zu Mittag. Aber das war selten, denn es strengte sie doch zu sehr an. An den Nachmittagen saßen wir in dieser Zeit beisammen, überlegten und schrieben auf, was den verschiedenen An- und Zugehörigen geschenkt werden könne. Vorjährige Listen wurden verglichen, hie und da wurde jemand wegen Ablebens oder zu Ferne-Seins gestrichen, ein anderer aufgenommen. So hatte man immer eine gute Übersicht über den Gesamtkontakt der Familie.

Predigt zu Lukas 12,35-40

Berlin, 1. Advent, 29. November 1931

Aber wenn durch all dieses vernünftige Warten hindurch, und hinter ihm noch etwas anderes in uns wartet und wenn dieses Warten weit hinausgeht über alles, was wir so vernünftig erwarten können; wenn da eine ganz unstillbare Sehnsucht ist, die dort, wo alles in Erfüllung geht, nicht schweigt oder dort, wo alles scheitert, nur um so stärker aufbegehrt; wenn da ein Warten in uns ist, das sich auf nichts Anderes und nichts Geringeres richtet als darauf, dass der Welt ganz und gar geholfen werde, nicht nur mit diesem und jenem Mittel, sondern ganz, wie sie ist; d. h., wenn etwas in uns wartet auf das Unausdenkbarste selbst, nämlich dass Gott selbst zu uns komme, dann freilich könnte es anfangen, bei uns Advent zu werden.

(DBW 11, 390)

Die Zahl war Legion, die meine Mutter zu beschenken wünschte. Außer den rund zwanzig Gabentischen bei uns im Haus schloss sie noch einen weiten Verwandten- und Freundeskreis ein. Für die näheren Freunde der Kinder; für alle, die in den Weihnachtstagen eingeladen wurden; für die Angestellten und Pfleger in der Charité; für die befreundeten Assistenzärzte; für alle im Lauf des Jahres irgendwie benötigten Ärzte, die keine Liquidationen schickten; für die verschiedenen Musik-, Tanz-, Gymnastik- und sonstigen privat erbetenen Lehrer; für alle häuslichen Aushilfen und die ständig beschäftigten Handwerker sowie die von ihr versorgten Mittellosen überlegte sie sich Geschenke.

Predigt zu Lukas 12,35-40

Berlin, 1. Advent, 29. November 1931

Der wartende Mensch erwartet alles, alles von Gott.
Ja, er erwartet Gott selbst und er macht ihm Raum,
er will nichts für sich selbst, alles für Gott.
Der Wartende allein ist offen, bereit.
Er allein kann vom Advent in die Weihnacht gehen.
Selig sind die Wartenden.

(DBW 11, 393)

Dazu kam noch, was in Paketen verschickt wurde. Die Namensliste dafür ging weit über Hundert. All das musste eingekauft, eventuell auch noch speziell verarbeitet werden: Bilderrahmer, Näherinnen, Tischler, Buchbinder wurden mit Sonderaufträgen ins Brot gesetzt. Diese Vorbereitungen waren für meine Mutter eigentlich Lebenselixier – obgleich es zu ihrer Gewohnheit gehörte, ab und zu unter diesen selbstauferlegten Belastungen zu seufzen, wenn sie vor diesem Weihnachtsberg stand. Wir kauften und kauften. Ich will nicht sagen, dass Geld bei ihr keine Rolle spielte; sie überlegte durchaus, wie viel sie ausgeben wollte, und vor allem wollte sie sich nicht neppen lassen. Es war eher so, dass der Preis keine Rolle spielte, wenn ihr etwas gefiel – ein höherer genauso wenig wie ein geringer. Wenn sie müde wurde, meinte sie: »Jetzt gehen wir nach Haus, jetzt kaufe ich doch nur, was mich nachher ärgert!«

Predigt zu Lukas 12,35-40

Berlin, 1. Advent, 29. November 1931

Weil Gott gekommen ist, darum warten wir. Weil aber sein erstes Kommen der Welt ein Geheimnis bleibt, und weil nur der, den Gott selbst in das Geheimnis hineingezogen hat, ihn sieht, darum kann auch dieser das Geheimnis seines ewigen Wiederkommens begreifen. Niemand besitzt Gott so, dass er nicht mehr ganz auf ihn warten müsste. Und doch niemand kann auf Gott warten, der nicht wüsste, dass Gott schon längst auf ihn gewartet hat.

(DBW 11, 393)

Noch vor dem ersten Advent waren alle Pakete fertig gepackt. In der Kriegs- und Nachkriegszeit wurden ab diesem Zeitpunkt gar keine Sendungen mehr angenommen. In den besseren Jahren war es ebenfalls günstig, mit so vielen Auslieferungen nicht zu spät zu kommen. So wurde eines Nachmittags im November alles zum Packen Notwendige ins große Esszimmer getragen. Kartons wurden aufgetürmt, einfarbig bunte Seidenpapiere, silberne Schnürchen und Tannengrün bereitgelegt und auf dem lang ausgezogenen Tisch die Sachen nach Familien geordnet. Die größten Pakete gingen ins Pfarrhaus zu Hases. Dort gab es sieben Vettern und Cousinen. Dann kam ein großes Paket für Luise, unser früheres Mädchen, das in Breslau verheiratet war und einen Haufen Kinder hatte.

Aus einem Brief Dietrich Bonhoeffers an Richard Ern

Berlin, 13. Dezember 1931

Es wird mir angesichts dieser schlimmen Lage so vieler Menschen nicht leicht, Weihnachten zu feiern und am besten feiert man es dies Jahr damit, dass man gibt, soviel man irgend kann.

(DBW 11, 47)

Nach allen Gegenden Deutschlands, wo immer Verwandte oder alte Freunde wohnten, gingen die Sachen. Jedes Geschenk wurde in buntes Seidenpapier gewickelt, sodass die Pakete wie mit überdimensionalen Ostereiern gefüllt aussahen; nur das Tannengrün veränderte den Eindruck. Meine Mutter schrieb Anhängekärtchen auf farbiger Pappe, die ich mit einem Zweig am Einzelpäckchen befestigte; die großen Schwestern machten die Schichtung im Paket und Dietrich verschnürte es. An einem Nachmittag war das alles natürlich nicht zu schaffen, und der helfende Eifer der Geschwister ließ an den folgenden Nachmittagen nach. Oft dauerte es drei bis vier Tage, bis alles fertig war.

Aus Dietrich Bonhoeffers »Ethik«

Der Inhalt der Verantwortung Jesu Christi für die Menschen ist Liebe, ihre Form ist Freiheit. Die Liebe, um die es hier geht, ist die verwirklichte Liebe Gottes zu den Menschen und die Liebe der Menschen zu Gott. Weil Jesus Christus die menschgewordene Liebe Gottes zu den Menschen ist, darum ist er nicht der Verkünder abstrakter ethischer Ideologien, sondern der konkrete Vollstrecker der Liebe Gottes. Der Mensch wird nicht zur Verwirklichung ethischer Ideale, sondern in ein Leben in der Liebe Gottes und das heißt in der Wirklichkeit gerufen.

(DBW 6, 231)

Dann kam für uns eine Last: Dietrich und ich zogen den mit Paketen überladenen Leiterwagen auf die Post. Das war immer so gewesen. Warum es so sein musste, dass gerade wir beiden Jüngsten das tun mussten, was keinen Spaß machte, weiß ich nicht. Aber Dietrich war nun mal als Paketbote vorgesehen, und mich nahm er zum Trost mit. Er trug sein Dasein als jüngster Bruder eigentlich sehr liebenswürdig – aber wegen dieser häufigen Wege bei kaltem Regenwetter auf die zwanzig Minuten entfernte Grunewald-Post, zu der es keine andere Verbindung gab, meuterte er doch heftig. Dass nicht eines der vielen Hausmädchen damit beauftragt wurde, erschien uns unbillig.

Einmal gingen wir mit einem schweren Leiterwagen zu dem sehr viel näher gelegenen Postamt Halensee. Wir mussten dort aber lange warten und wurden mit unseren vielen Paketen von bösen, alten Frauen so beschimpft, dass wir nie wieder hingingen. Der Vorwurf, wir sollten doch am Vormittag gehen, wenn alles leer sei, war Schulkindern gegenüber wirklich dumm. Wir waren jedenfalls beleidigt von diesem unweihnachtlichen Zusammentreffen mit der uns ungewohnten Halenseer Bevölkerung.

Aus einem Brief Dietrich Bonhoeffers aus der Haft

Tegel, 1. Advent, 28. November 1943

Liebe Eltern!
Obwohl man nicht weiß, ob und wie Briefe gegenwärtig bestellt werden, möchte ich doch gern am Nachmittag des 1. Advents an Euch schreiben. Das Altdorfer'sche Weihnachtsbild, auf dem man die heilige Familie mit der Krippe unter den Trümmern eines verfallenen Hauses sieht, – wie kam er nur vor 400 Jahren dazu, entgegen aller Tradition, das so darzustellen? – ist einem diesmal besonders gegenwärtig. Auch so kann und soll man Weihnachten feiern, das wollte er vielleicht sagen; jedenfalls sagt er es uns. Ich denke gern daran, wie Ihr jetzt wohl mit den Kindern zusammensitzt und mit ihnen Advent feiert wie vor Jahren mit uns. Nur tut man alles wohl jetzt intensiver, weil man nicht weiß, wie lange man es noch hat.

(DBW 8, 218)

Wenn mein Vater all diesen Trubel der Geschenkbeschaffung und -versendung sah oder wenn er bemerkte, wie erschöpft meine Mutter aus der Stadt zurückkam, sagte er nur resigniert: »Ich will euch sagen, es weihnachtet sehr!« Dass meine Mutter so früh mit allen Vorbereitungen anfing, lag wohl auch daran, dass sie ungern die (wenn auch damals noch wenigen) brennenden elektrischen Weihnachtsbäume und die ganze übrige Verkaufs-Kriegsbemalung der Warenhäuser sah. Jedenfalls sollten wir als Kinder möglichst nicht mehr in die Stadt, wenn es damit losging. Vielleicht wollte sie auch in der Adventszeit nicht mehr so viel Unruhe haben.

Predigt zu Lukas 9,51-56

Examenspredigt, Halensee, 8. Januar 1928

Sonntag für Sonntag verkündigen uns in der Winterzeit die Glocken Weihnachtsbotschaft. Leis und zart singen sie vom Stall in Bethlehem, machtvoll und stark rufen sie das Wort vom Kommen der Liebe hinein in unsere Großstädte. Wen von uns hätte es nicht schon sonderbar angemutet, wenn er an einem Abend, zur Zeit des Glockenläutens etwa, an der Kaiser Wilhelm Gedächtniskirche vorbeiging, wo das Getöse der Autos und der Straßenbahnen, phantastische Lichtreklame, das Treiben der Menschenmassen zu den zahllosen Vergnügungsstätten ihn kaum zur Besinnung kommen ließ? Wie unendlich verloren klingt das Rufen der Glocken in dieser Umgebung, wie unendlich verloren, wie fremd und einsam nimmt sich hier das Haus mit den hohen Türmen aus! Schrecken und oft bitterer Schmerz erfasst uns bei solchem Anblick.

(DBW 9, 608)

Ich aber liebte Berlin in seiner Weihnachtsaufmachung! Obgleich ich sonst nicht an Schaufenstern interessiert war – wenn erst die bunten Kugeln, die silbrigen Pappsterne und die glitzernden Ketten dort hingen, wenn rot-weiße Weihnachtsmänner mit dem Kopf nickten und künstlicher Schnee um Papprehe flatterte, dann war ich fasziniert. Ich ließ meiner Vorliebe für Unechtes einfach freien Lauf. Nachgemachte Tannenzweige, die ganz weich anzufassen waren, künstliche Christrosen und Eiszapfen, das fand ich einfach schön. Ich wünschte mir (und bekam ihn dann auch) einen kleinen Weihnachtsbaum für die Puppenstube, der sogar Kerzen hatte.

Predigt zu Deuteronomium 32,48-52

Havanna/Cuba, 4. Advent, 21. Dezember 1930

Weihnachten soll die große Verheißung Gottes erfüllt werden, eine Verheißung, die noch unendlich viel gewichtiger als die Verheißung des gelobten Landes ist. Gott hat verheißen, selbst der Erde zu nahen, uns zu nahen, hat verheißen, uns durch sich zur Erlösung, zum Heil, zur Seligkeit zu führen.

(DBW 10, 584)

Adventskalender aller Art – je glitzernder, umso besser, am schönsten diejenigen, wo man jeden Tag ein Fenster aufmachen konnte – waren meine uneingestandene Sehnsucht. Ich besaß einen eigenen Adventskalender, vielmehr eine Adventsuhr, die sehr kitschfrei zu sein versuchte. Darauf stand rundum im Kreis für jeden Tag ein Weihnachtslied verzeichnet, und mit dem Zeiger wurde die Runde gemacht, vom 1. Dezember an bis Weihnachten. Jeden Abend sangen wir die angegebene Melodie als Gutenachtlied. Ich liebte diese Uhr, aber ich hätte gerne noch einen Kalender mit Türchen gehabt, wie andere Kinder auch. Das ist aber an mir vorbeigegangen.

Predigt zu Deuteronomium 32,48-52

Havanna/Cuba, 4. Advent, 21. Dezember 1930

Angesicht dieser Tatsache wird uns der Ernst der Adventszeit klar. Große Dinge sind verheißen und sie sind im Anzuge, unerhörtes Geschehen wird verkündigt, das noch kein menschliches Ohr vernommen, unerschlossene Geheimnisse werden aufgetan, schon bebt die Erde und ihre Menschheit unter ihrem Anzuge, und eine Prophetenstimme schreit in die geängstigte Welt hinein: Das Himmelreich ist nahe gekommen, Gott der Herr selbst kommt, der Schöpfer und Richter, er naht in Liebe der Menschheit, er will sie heimholen zum ewigen Freudenmahl, er kommt. Bist du bereit?

(DBW 10, 585)

Wir sollten in der Adventszeit also nicht mehr in die Verkaufsgegenden – doch meine Schule lag ja an der Ecke Uhlandstraße-Kurfürstendamm. Die Mädchen aus meiner Klasse wohnten fast alle in dieser Gegend. So war es gar nicht zu vermeiden, dass ich eben doch all den Weihnachtszauber in den Läden und auf der Straße zu sehen bekam, und ich fand es herrlich. Besonders abends bei Dunkelheit sollte das KaDeWe so schön sein! Und so ließ ich mich von einer Mitschülerin dazu überreden, mich eines Nachmittags mit ihr unter dem Vorwand irgendeiner Schulverpflichtung zu treffen, um ins KaDeWe zu gehen. Ich tat es mit sehr schlechtem Gewissen, was der Freude aber keinen Abbruch tat, mit der ich die Ausstattung dort genoss. Älter als elf Jahre kann ich kaum gewesen sein, aber ich kam mir vor wie eine große Dame und Hochstaplerin.

Predigt zu Deuteronomium 32,48-52

Havanna/Cuba, 4. Advent, 21. Dezember 1930

Über all das hinaus aber ist die Bibel voll von der Verkündigung, dass das große Wunder geschehen ist, ohne Tun der Menschen als Tat Gottes. Nach heiligem Ratschluss in der Ewigkeit war der Sohn vom Vater gegangen und zur selben Stunde wurde im Stall von Bethlehem ein kleiner Knabe geboren.
Ochs und Esel und ein paar Hirten vom Felde feierten die erste Weihnacht. Aber über diesem Stall war der Himmel aufgerissen. Engel und Sterne jauchzten in die heilige Nacht hinein und Gottes Liebe schaute hinab auf das Kind und seine Gläubigen. Den Christbaum dieser Weihnacht aber hat Gott selbst angezündet, es war der Sternenhimmel des ewigen Vaters.

(DBW 10, 586)

Ich hocke vor meinem Spielschrank und reiße mir vom Herzen, was sich reißen lässt. Es muss noch anständig sein: nichts Kaputtes, sondern was wirklich Freude macht. Etwas zum Bauen und Basteln, Quartette und Würfelspiele, Ausschneidepuppen, Spieltiere, Bücher. Das ist für die Charité-Kinder aus der Nervenklinik. Kinder, die Weihnachten nicht zu Hause verbringen können, weil sie krank sind (und die dazu noch arme Eltern haben), tun einem natürlich leid. Manches Jahr, kurz vor der Weihnachtszeit, nimmt mein Vater mich mit in die Kinderabteilung. Ich komme eigentlich nicht gerne mit, aber es wird gar nicht danach gefragt. Einmal im Jahr soll man sich dem ruhig aussetzen und sehen, was es in der Welt an Leid gibt.

Aus Dietrich Bonhoeffers »Nachfolge«

Christus hat diese Menschengestalt angenommen. Er wurde Mensch wie wir. In seiner Menschheit und seiner Niedrigkeit erkennen wir unsere eigene Gestalt wieder. Er ist den Menschen gleich geworden, damit sie ihm gleich seien. In der Menschwerdung Christi empfängt die ganze Menschheit die Würde der Gottebenbildlichkeit zurück.
Wer sich jetzt am geringsten Menschen vergreift, vergreift sich an Christus, der Menschengestalt angenommen hat und in sich das Ebenbild Gottes für alles, was Menschenantlitz trägt, wiederhergestellt hat. In der Gemeinschaft des Menschgewordenen wird uns unser eigentliches Menschsein wiedergeschenkt.

(DBW 4, 301)

Zur Weihnachtsfeier selbst gehen wir zwar nicht, aber es tut gut, vorher zu wissen, für wen man die Sachen raussucht und sich von geliebten Dingen trennt. Wir glauben, dass die Kinder unsere Geschenke wirklich brauchen und sonst nichts bekommen. Wahrscheinlich ist es aber mehr eine pädagogische Maßnahme meiner Eltern, die diesen Tropfen Wermut für nützlich halten in der süßen Weihnachtsseligkeit des guten Bürgertums. Dabei werden die Spielschränke vor Weihnachten auch gleich aufgeräumt. Das gehört zum ›Sachen raussuchen‹ dazu, dass man das unheilbar Zerspielte wegwirft und Platz schafft für neue Herrlichkeiten.

Aus Dietrich Bonhoeffers »Ethik«

Aus Liebe zum Menschen wird Gott Mensch. Er sucht sich nicht den vollkommensten Menschen, um sich mit ihm zu verbinden, sondern er nimmt menschliches Wesen an, wie es ist. Jesus Christus ist nicht die Verklärung hohen Menschentums, sondern das Ja Gottes zum wirklichen Menschen, nicht das leidenschaftslose Ja des Richters, sondern das barmherzige Ja des Mitleidenden. In diesem Ja ist das ganze Leben und die ganze Hoffnung der Welt beschlossen.

(DBW 6, 71)

Mit der Stadtbahn fährt unsere Mutter mit uns bis zum Lehrter Bahnhof. Dann geht es auf der Invalidenstraße über eine große Brücke zu den roten Charité-Gebäuden. Der Pförtner der Nervenklinik fliegt vor ›Frau Geheimrat‹ und uns her und reicht uns weiter, bis wir im Dienstzimmer meines Vaters landen. Der kommt auch bald – merkwürdig fremd in dem weißen Kittel. Durch lange Flure geht es dann in die Kinderabteilung. Hier befinden sich keine schwachsinnigen, sondern nervenkranke Kinder. Sie zucken und schlagen teilweise völlig unbeherrscht mit Armen und Beinen um sich, während sie auf meinen Vater zueilen, um ihn zu begrüßen. Man spürt, wie sie ihn lieben. Wir Geschwister würden uns gar nicht trauen, ihn so in Anspruch zu nehmen.

Aus Dietrich Bonhoeffers »Ethik«

Den wirklichen Menschen kennen und ihn nicht verachten, das ist allein durch die Menschwerdung Gottes möglich. Der wirkliche Mensch darf vor Gott leben und wir dürfen den wirklichen Menschen neben uns vor Gott leben lassen, ohne ihn zu verachten oder zu vergöttern. Nicht als wäre der wirkliche Mensch ein Wert für sich, sondern allein darum, weil Gott den wirklichen Menschen geliebt und angenommen hat.
Der Grund der Liebe Gottes zum Menschen liegt nicht im Menschen, sondern allein in Gott selbst. Der Grund, aus dem wir als wirkliche Menschen leben dürfen und den wirklichen Menschen neben uns lieben dürfen, liegt wiederum allein in der Menschwerdung Gottes, in der unergründlichen Liebe Gottes zum Menschen.

(DBW 6, 74)

Ein besonderer kleiner Freund von ihm, von dem er uns schon erzählt hat, liegt gekrümmt auf dem Boden und lächelt verzerrt hinauf. Ich setze mich zu ihm. Auch mein Vater hockt sich hin und betrachtet, was er da macht. Aus winzigen kleinen Stäbchen baut er ein zartes, durchsichtiges Haus, so hoch er greifen kann, denn er kann sich nicht aufstellen, und dauernd zucken seine Beine und sein Körper bis zu den Schultern. Aber die Hände hat er in seiner Gewalt und bastelt in unendlicher Ausdauer an seinem Werk. Ich habe einen Kloß im Hals und möchte am liebsten Medizin studieren. Er kann etwas sprechen, aber ich verstehe es nicht. Doch mein Vater unterhält sich mit ihm. Manche Kinder malen, andere sitzen nur in ihren Betten und versuchen, eine Puppe zu handhaben. Alle strahlen meinen Vater an. Als wir uns trennen, habe ich meinen Vater sehr lieb und möchte ihn streicheln wie die Kranken; aber ich wage es nicht.

Aus Dietrich Bonhoeffers »Ethik«

Der Inhalt der Verantwortung Jesu Christi für die Menschen ist Liebe, ihre Form ist Freiheit. Die Liebe, um die es hier geht, ist die verwirklichte Liebe Gottes zu den Menschen und die Liebe der Menschen zu Gott.
Weil Jesus Christus die menschgewordene Liebe Gottes zu den Menschen ist, darum ist er nicht der Verkünder abstrakter ethischer Ideologien, sondern der konkrete Vollstrecker der Liebe Gottes.
Der Mensch wird nicht zur Verwirklichung ethischer Ideale, sondern in ein Leben in der Liebe Gottes und das heißt in der Wirklichkeit gerufen.

(DBW 6, 231)

Am Tag vor dem ersten Advent hatte ich stets viel zu tun. Ich brauchte Tannengrün. Die alten Eiben in unserem Garten reichten dafür aus – aber ich durfte nur dort schneiden, wo nachher keiner bemerkte, dass etwas weg war. Das wurde von Jahr zu Jahr schwieriger. In den Gärten der Nachbarskinder standen aber Fichten, und es erschien mir ein frommer Raub und auch ohne ausdrückliche Erlaubnis durchaus das Richtige. Mit schwarzen, harzigen Händen und meiner feuchten, duftenden Beute gelangte ich möglichst heimlich in mein Zimmer und begann mein Werk. Kein Bild an der Wand, keine Lampe, keine Vase, die ich erreichen konnte, blieb ohne etwas Tannengrün. Allerdings durfte ich nur in den Kinderzimmern, im Treppenhaus und in den Zimmern der Mädchen schmücken. Am dankbarsten wurde meine Tätigkeit im Souterrain und in der Küche aufgenommen. Jedes Mal war man dort neu überrascht und gerührt (wohl auch wegen der großen Heimlichkeit, mit der ich vorging).

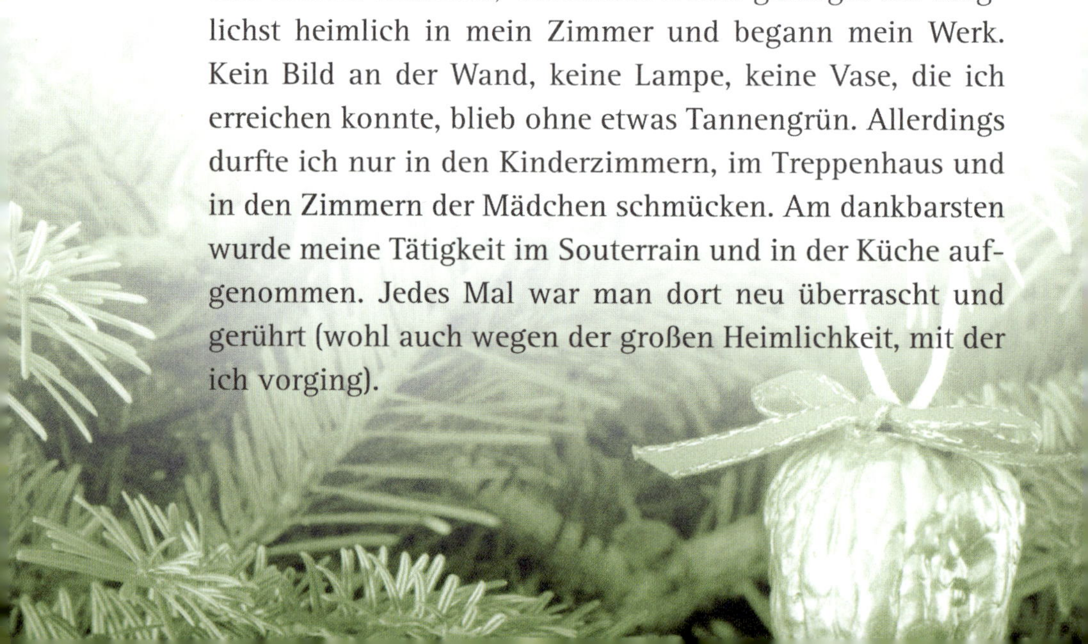

Aus einem Rundbrief an die Brüder aus dem Predigerseminar

Berlin, 1. Advent, 29. November 1942

Bei Gott wohnt die Freude und von ihm kommt sie herab und ergreift Geist, Seele und Leib, und wo diese Freude einen Menschen gefasst hat, dort greift sie um sich, dort reißt sie mit, dort sprengt sie verschlossene Türen.

(DBW 16, 373)

Auch in meinem Puppenhaus schmücke ich eifrig. Was ich an kleinen Leuchtern, Sternchen und anderen Adventsschätzen besaß, kramte ich hervor und verteilte es in den mir erreichbaren Räumen. Immer aber behielt ich bei mir im Zimmer eine blank glänzende, sehr bunte, aus Pappe ausgestanzte Krippe, die man durch einen Druck mit dem Daumen plastisch aufstellen konnte. Ich liebte diese geschmackvolle Darstellung ganz besonders, die ich besaß, seit ich denken konnte, die aber doch langsam etwas von ihrer munteren Lackierung einbüßte. In ihr konzentrierten sich meine vorweihnachtlichen Gefühle. Sie fand ihren Platz dicht bei dem kleinen Schweizerhäuschen, wo meine weißen Mäuse aus- und eingingen, ganz von Tannengrün umgeben. Es freute mich, wenn die Mäuschen sich durch das Nadelholz (das ich senkrecht und baumartig mit Plastilin zum Stehen gebracht hatte) zur Anbetung begaben und gemeinsam mit Ochs und Esel die vom Geschehen in der Krippe berührte Kreatur vermehrten. Das Pappkrippenwunder war groß und stabil genug, um von diesen zarten, engelweiß glänzenden Geschöpfen nicht umgerissen zu werden, auch wenn sie über die Heiligen drei Könige mit ihren Gaben hinwegzusetzen versuchten.

Predigt zu Lukas 1,46-55

London, 3. Advent, 17. Dezember 1933

Wir müssen uns klar werden, wie wir angesichts der Krippe künftighin über hoch und niedrig im menschlichen Leben denken wollen.
Große Gewaltige gibt es immer nur wenige. Aber um so mehr kleine Gewaltige gibt es, solche Leute, die, wo sie es können, ihre kleine Gewalt spielen lassen und die nur einem Gedanken leben: immer höher hinauf!
Gottes Gedanke heißt anders, er heißt: immer tiefer hinab, in die Niedrigkeit, in die Unscheinbarkeit, in die Selbstvergessenheit, in die Unansehnlichkeit, in das Nichtgeltenwollen, nicht Hochsein wollen – und auf diesem Weg begegnen wir Gott selbst.

(DBW 13, 342f.)

Leider begann das Tannengrün wegen der Zentralheizung zu trocknen und zu rieseln, lang ehe die Adventszeit vorbei war. Nicht immer konnte ich mich entschließen, eine zweite Garnitur aufzulegen. Aber überall – abends im Bett, in den Schulbüchern, in den Kleidern und Haaren, zwischen allem Spielzeug – piekten die Tannennadeln. Am Montag nach dem ersten Advent wird die Klasse mit Tannengrün geschmückt. Viele Möglichkeiten gibt es nicht – aber die Tafel, ein paar Bilder, die Fensterkreuze und den Landkartenhaken kann man adventlich verzieren. Auf den Pulten selbst dürfen keine Zweige liegen. Erst einen Tag vor Schulschluss ist ein Lichtchen und etwas Grün erlaubt. Aber kokeln ist streng verboten. Wer kokelt, muss Kerze und Tannenzweig abgeben.

Aus Dietrich Bonhoeffers »Ethik«

Die Menschwerdung Gottes allein ermöglicht ein echtes wirklichkeitsgemäßes Handeln. Die Welt bleibt Welt, aber sie bleibt es doch nur, weil Gott sich ihrer angenommen und seine Herrschaft über sie erklärt hat.

(DBW 6, 223)

Aber noch ist es nicht so weit, noch sind fast drei Wochen Schule. Doch die Stimmung ist eine unschulgemäße, freundlichere. Wir überlegen, was wir Lehrern schenken, ob irgendetwas gemacht werden kann oder ob genug Geld da ist, um etwas ›Richtiges‹ zu kaufen. Auch die unbeliebten Lehrer sollen etwas Nettes bekommen, weil Weihnachten ist. Natürlich immer nur von allen zusammen. Und dann muss man eine Auswahl treffen, wem aus der Klasse man etwas schenken will. Es sind ganz kleine, kostenlose Geschenke, die wir uns machen: Lesezeichen, bemalte Etiketten, Pappmäppchen oder (eine Zeit lang große Mode) kleine Wollpüppchen, die entstehen, wenn man bunte Wolle um die Finger wickelt und an den richtigen Stellen abbindet.

Predigt zu Lukas 21,28

London, 1. Advent, 3. Dezember 1933

Sehet auf, erhebet eure Häupter.
Advent schafft Menschen, neue Menschen.
Neue Menschen sollen auch wir im Advent werden.
Sehet auf, ihr, deren Blick
stier auf diese Erde gerichtet ist.
Sehet auf, eure Erlösung naht.

(DBW 13, 336)

Manchmal wird auch ›Julklapp‹ beschlossen. So etwas macht mir aber nicht viel Spaß. Weder in der Form, wo der Beschenkte durch das Los bestimmt wird, inklusive der Klassenlehrerin (denn dann muss man vielleicht jemandem etwas schenken, der einen langweilt) – noch auf die Art, dass man nur irgendetwas mitbringt, natürlich stark eingewickelt. Im Geheimen etwas zukommen lassen finde ich ziemlich sinnlos; man kann sich nicht bedanken, und es entsteht keine persönliche Bindung zu dem Schenkenden. Besser finde ich (selbst auf die Gefahr hin, dass man nichts wiederbekommt), sich in der letzten Pause vor den Ferien die kleinen zugedachten Geschenke mit ein paar lustigen Worten auf einem beigelegten Zettel heimlich in die Manteltasche oder die Mappe zu stecken.

Predigt zu Lukas 1,46-55

London, 3. Advent, 17. Dezember 1933

Und das ist ja das Wunder aller Wunder,
dass Gott das Niedrige liebt.
»Gott hat die Niedrigkeit seiner Magd angesehen.«
Gott in der Niedrigkeit –
das ist das revolutionäre, das leidenschaftliche
Adventswort.

(DBW 13, 339)

Am meisten bewegte die Klasse natürlich ihr Beitrag zur allgemeinen Weihnachtsfeier. Eine extra Klassenfeier gab es in der Privatschule nicht. Wir wollen immer etwas aufführen, aber manchmal werden wir nur zum Chor verdammt. Einmal hat unsere Klassenlehrerin für uns gedichtet: ›Christnacht im Walde‹, unter Elfen und Elferichen. Ich aber bin nur böser Waldschrat und habe mit einer Knarre zu stören. Eine sehr gute Rolle für mich. Die beiden Größten und Schönsten sind ein Elfen-Liebespaar, das unter Weihnachtsglocken unsterbliche Seelen gewinnt. Durch Liebe! Sie muss am Schluss zu ihm »Oh, du« sagen, und das wird lange geübt, weil darin alles inbegriffen ist. »Oh, du«, spricht die Lehrerin vor. Sie kann es. Mir kam sie schon ziemlich alt vor. Sie mag wohl Mitte Zwanzig gewesen sein.

Predigt zu Lukas 1,46-55

London, 3. Advent, 17. Dezember 1933

Gott schämt sich der Niedrigkeit des Menschen nicht,
er geht mitten hinein,
erwählt einen Menschen zu seinem Werkzeug
und tut seine Wunder dort,
wo man sie am wenigsten erwartet.
Gott ist nahe der Niedrigkeit,
er liebt das Verlorene,
das Unbeachtete, Unansehnliche,
das Ausgestoßene, das Schwache und Zerbrochene.

(DBW 13, 339f.)

Krippenspiele waren damals noch eine Seltenheit. Die großen Brüder hatten als Jungens eines aufgeführt, das nur in der Wilhelminischen Ära denkbar war. Woher meine Mutter es hatte, weiß ich nicht. Vielleicht von Felix Dahn*. Es hieß ›Stille Nacht‹. Handschriftlich von ihr in ein Schulheft geschrieben, besitze ich es noch heute. Da waren ein alter und ein junger germanischer Söldner an Stelle der Hirten, die erlebten nächtens auf Wache, im Heiligen Land bei Bethlehem, die Verkündigung der Geburt des von ihnen erwarteten Heilands. Ich fand es sehr eindrucksvoll: Karl-Friedrich mit Wallebart, Walter als junger Mann und Ursel als Maria. Sie mussten ein Menge Auswendiggelerntes aufsagen. Später gab es dann noch andere Krippenspiele; besonders eines ist mir erinnerlich, das bei Bekannten und in der Schule häufig aufgeführt wurde und bei dem wir mitwirkten. Man spürte ihm die Jugendbewegung ab (im Gegensatz zu dem mehr militaristischen). Es war volkstümlich und problemfrei gehalten. Viele alte Hirtenlieder mit Blockflöte wurden dabei verwendet.

Predigt zu Lukas 1,46-55

London, 3. Advent, 17. Dezember 1933

Wenn wir an diesem Advents- und Weihnachtsgeschehen teilnehmen wollen, dann werden wir selbst in diese Handlung, die da geschieht, in diese Umkehr aller Dinge mit hineingerissen, da müssen wir mitspielen auf dieser Bühne, da ist der Zuschauer immer schon eine handelnde Person in dem Stück, da können wir uns nicht entziehen. Was spielen wir denn da mit? Fromme Hirten, die ihre Knie beugen? Könige, die ihre Gaben bringen? Was wird denn da gespielt, wo Maria die Mutter Gottes wird, wo Gott in der Niedrigkeit der Krippe in die Welt kommt? Weltgericht und Welterlösung – das ist es, was hier geschieht; und das Christuskind in der Krippe selbst ist es, das Weltgericht und Welterlösung hält, es stößt die Großen und Gewaltigen zurück, es stürzt die Throne der Machthaber, es demütigt die Hoffärtigen, sein Arm übt Gewalt über alle Hohen und Starken, und es erhebt, was niedrig ist und macht es groß und herrlich in seiner Barmherzigkeit.

(DBW 13, 341)

Vielleicht lag es auch an den Erfahrungen der wandernden Jugend, dass die Quartiersuche von Maria und Joseph eine so überstarke Rolle spielte. Jedenfalls ist sie mir als Haupteindruck zurückgeblieben. Dietrichs Stimme ist mir noch im Ohr, als er sang: »Ach, um Gottes Lieb wir bitten,/öffnet uns doch eure Hütten.« Bei all diesen Spielen war ein ›lebendes Bild‹ am Schluss die Hauptsache, und ich entsinne mich, bei einer Feier in der Schule der großen Schwestern (selbst noch vorschulpflichtig) im rosa Trikot mit kleinen weißen Flügeln an der Krippe gekniet zu haben. Süß und stilecht. Wenn wir in der Schule ein Krippenspiel aufführen durften, spielten wir aus dem Stegreif. Die Einteilung der Szenen war selbstverständlich; die biblische Geschichte, bis hin zu den drei Weisen, war zur Genüge bekannt. Proben waren nur selten nötig. Die Verkleidung war wichtiger als die Worte. Alte Herrenhüte für die Hirten, möglichst Loden- oder Jägerhütchen, bunte seidene Morgenröcke für die Könige, rote und blaue Tücher für Maria – das waren die notwendigen Utensilien.

Aus einem Brief Dietrich Bonhoeffers während der Zeit seines Vikariats an die Eltern, die Großmutter und die Geschwister

Barcelona, 19. Dezember 1928

Allmählich fängt auch bei mir hier
die Vorfreude auf das Fest an;
dafür sorgen schon die Kinder mit ihrer Aufführung.
Ich freue mich darauf,
mit all den Leuten,
mit denen ich hier näher zusammengekommen bin,
in Ruhe feiern zu können
und besonders freue ich mich
auf das Krippenspiel am Sonntagnachmittag.
Den hiesigen Kindern ist das etwas so ganz Neues,
dass sie mit wirklicher Begeisterung
und Neugierde mitmachen.

(DBW 10, 118f.)

Es gab oft darüber Streit, ob das schönste blonde oder braune Mädchen Maria sein durfte. Ich war um der historischen Genauigkeit willen für dunkel. Immer sollte ich Hirte sein, mit und ohne Bart, weil ich kurze Haare hatte. Könige konnten ihre Frisur unter dem Turban bergen. Ein zerknautschter, grüner Lodenhut, Dietrichs Winterhosen mit Wickelgamaschen, ein Fellvorleger um die Schulter drapiert, ein verregneter und darum nicht mehr elegant wirkender Stock – so war ich Hirte und dabei fromm. Die Kruse- oder Porzellanpuppe, die da in der Krippe auf Stroh lag, mit einer Knipslaterne beheiligenscheint, bezauberte mich immer wieder. Ich sang ›Ihr Kinderlein, kommet‹ mit Hingabe und dachte: »Da liegt es, das Kindlein.« Der Aufforderung, wie die Hirten anbetend die Knie zu beugen, kam ich willig nach. Aber auch Märchen – nicht nur ›Christkind im Walde‹, sondern ebenso Hänsel und Gretel, Frau Holle oder Rotkäppchen – gehörten für mich in die Adventszeit und wurden stegreif spielend aufgeführt. Adventskranz, Kerzen und Märchen gehörten zusammen. Die Geschichten von der Geburt des Kindes gehörten dagegen eigentlich erst zum Weihnachtsbaum.

Meditation zu Weihnachten

Dezember 1939

Er nahm menschliche Natur an, damit wir ewig bei ihm seien. Wo der Leib Jesu Christi ist, dort sind wir, ja, wir sind sein Leib. Darum lautet das Weihnachtszeugnis für alle Menschen: ihr seid angenommen, Gott hat euch nicht verachtet, sondern er trägt leibhaftig euer aller Fleisch und Blut. Seht auf die Krippe! In dem Leibe des Kindleins, in dem fleischgewordenen Sohn Gottes ist euer Fleisch, ist alle eure Not, Angst, Anfechtung, ja, alle eure Sünde getragen, vergeben, geheiligt.

(DBW 15, 540)

Als ich mit sechzehn Jahren Helferin im Kindergottesdienst in der Grunewald-Kirche wurde, sollte auch ein Krippenspiel aufgeführt werden – nun hatte ich genug. Ich hatte ja früher immer gern krippengespielt. Doch jetzt fand ich, so könne es nicht gehen. Und ich setzte mich hin und schrieb ein eigenes Christspiel. Kein selbst erfundenes Wort sollte dabei gesprochen werden. Ich stellte es ganz aus Liedern und Worten der Bibel zusammen. Dabei musste es eine gewisse Dramatik haben; es sollte nicht mit dem Krippenbild, sondern mit der Auferstehung enden. Eben kein Weihnachts-, sondern ein Christspiel. Das ganze Leben Jesu sollte es umfassen oder zumindest andeuten. Die Aufführbarkeit war mir vorerst egal. Es ist sogar nicht völlig unaufführbar gewesen, denn in Kuba, in einer deutschen Schule, wurde es (durch Hörnchens Vermittlung) ein Jahr später etwas verändert dargeboten. Ich war sehr stolz, einige Fotos davon zu bekommen.

Predigt zu Lukas 1,46-55

London, 3. Advent, 17. Dezember 1933

Wenn Gott die Maria zum Werkzeug erwählt, wenn Gott selbst in der Krippe von Bethlehem auf diese Welt kommen will, so ist das nicht eine idyllische Familienangelegenheit, sondern es ist der Beginn einer völligen Umkehrung, Neuordnung aller Dinge dieser Erde.

(DBW 13, 340f.)

Es begann (wie der Faust) mit einem Vorspiel im Himmel. Ein Chor sang ›Die Himmel rühmen des Ewigen Ehre‹, und Engel sprachen in Psalmen und Schriftworten darüber, dass die Erde gar nicht rühmt, ganz im Gegenteil, und dass es nun endlich Zeit würde … Es folgten Worte der Verkündigung und Verheißung und der Sehnsucht des Menschen; alles von Engeln gesprochen. Das nächste Bild zeigte Maria vor der Krippe, ein großes Holzkreuz im Hintergrund; der Anfang des Johannes-Evangeliums wurde gesprochen. Und nun spielte sich, wie eine Vision der Maria gedacht, das Leben Jesu vor der Krippe ab: Johannes der Täufer, Jesus und die Jünger, der reiche Jüngling, die Schriftgelehrten und vor allem die Mühseligen und Beladenen traten auf. Während diese ein Passionslied sangen, kamen zwei Kriegsknechte mit Fackeln neben das Kreuz. Als sie die Fackeln löschten, sprach Jesus (nun nicht mehr von der Menge der Engel zu unterscheiden) Verse aus den Abschiedsreden im Johannes-Evangelium.

Die Vision der Maria endete mit den Worten: »Und Gott wird abwischen alle Tränen von ihren Augen …« aus der Offenbarung, die ich viel benutzt habe. Bis dahin gefiel es Dietrich, dem ich es zeigte, recht gut; aber den angehängten Schluss strich ich dann auf sein Zureden hin. Ich wollte Maria so gerne allein ›So nimm denn meine Hände‹ singen lassen, als Zeichen ihrer Ergebung.
Aber das war Kitsch, und so sang sie stattdessen, da ich von einem persönlichen Ende nicht abgehen wollte, ›Dies ist die Nacht, da mir erschienen des großen Gottes Freundlichkeit‹.

Eine sehr persönliche Beziehung zu himmlischen Gewalten habe ich schon als kleines Kind gepflegt. Das zeigte sich auch beim Wunschzettel. Das Christkind holte meinen wirklich vom Fenster weg. So lange ich noch nicht schreiben konnte, diktierte ich ihn Hörnchen. Später versuchte ich mich auf bemalten oder mit Abziehbildern versehenen Bögen und notierte möglichst kurzgefasst alles, was mir als begehrenswert einfiel. Diese Briefe hat man am Abend außen an das Fenster gebunden, ehe die Läden zugeklappt wurden. Am Morgen waren sie weg. Sie müssen aber auf eine geheimnisvolle Art in die Hände der Eltern gekommen sein, denn es liegen mir heute noch einige davon vor.

Aus einem Brief Dietrich Bonhoeffers an seine Zwillingsschwester Sabine und deren Mann

Berlin, 23. Dezember 1931

Liebe Sabine, lieber Gert!
Bei einem Weihnachtsbrief gehen einem die Grenzen einer Schreibmaschine doch deutlich auf. Aber da er sowieso nur kurz sein kann, geht's für diesmal auch so. Es ist ja wirklich sehr schade, dass Ihr nicht kommt! Wir hatten uns alle darauf gefreut, und ich hatte sogar eine Wette abgeschlossen, dass Euer Entschluss, nicht zu kommen, noch ins Wanken gebracht werden könnte. Die scheine ich ja nun leider endgültig verloren zu haben. Schade! Wir werden auf diese Weise ganz kinderlos sein und es wird nicht sehr wahrscheinlich klingen, wenn morgen der Familienchor im Alter von 25 – 89 singen wird »Ihr Kinderlein, kommet«.

(DBW 11, 48)

Ungewöhnlich ist vielleicht der Wunsch nach einem Puppenfläschchen, das Tee, Milch und Zucker enthalten sollte. Dieses köstliche Getränk hatte ich einmal bei meiner Mutter, die so gerne Tee trank, probieren dürfen. Dass auch der Wunsch nach einem neuen Kopf für meine Puppe sich so auswirkte, dass sie einige Tage später verschwunden war, machte mich an das Wunder des Wunschzettels restlos gläubig. Auch dass er ziemlich zeitig abgegeben werden musste, war glaubwürdig. Schließlich wünschten sich ja sehr viele Kinder etwas vom Christkind. Später, als (auch meiner Ansicht nach) die Eltern auf direktem Weg über die Wünsche orientiert werden konnten, blieb ein Zettel, auf dem der Wichtigkeit nach alles verzeichnet war, was man gerne hätte, immer der beste Weg zum Erfolg.

Aus einem Brief Dietrich Bonhoeffers an die Finkenwalder Brüder

Groß-Schlönwitz, 14. Februar 1939

Das erste, was uns die Schrift über die Freude sagt, lässt sich zusammenfassen in dem Liedanfang: »Jesu, meine Freude ...«. Das ist der Grundton der biblischen Verkündigung von der Geburt Christi, vom Anbruch des Reiches Gottes in der Gemeinschaft Jesu mit seinen Jüngern, von seiner Auferstehung und Himmelfahrt.
Ohne die Freude an dem menschgewordenen und auferstandenen Sohn Gottes geraten wir ins Murren, in den Widerspruch, in die Traurigkeit.

(DBW 15, 147)

Als Anekdote wurde von Klaus erzählt, er habe auf Verlangen einen Wunschzettel an seinen Großvater abgegeben, der diesen über den kommerziellen Sinn seines Enkels entsetzt sein ließ. Klaus, gerade des Lesens und Schreibens mächtig, hatte einen Spielwaren-Weihnachtskatalog erwischt und alles, was nur wünschenswert war, abgeschrieben; mit genauer Preisangabe. Dies wohl mehr der Ordnung wegen und weil er eben auch Preise schreiben konnte, als dass er dabei über die finanziellen Möglichkeiten des Großvaters oder des Christkindes nachgedacht hätte.
Auch als mein Glaube an das Wunschzettel einsammelnde Christkind geschwunden war, legte ich meinen – um die Tradition aufrechtzuerhalten und auch, um Hörnchen nicht zu enttäuschen – weiterhin aufs Fensterbrett. Erst als er eines Jahres unbeachtet dort liegen blieb, ging ich davon ab. Ich merkte, man spielte nicht mehr mit. Gesprochen wurde über so etwas nicht.

Predigt zu Lukas 9,51-56

Examenspredigt, Halensee, 8. Januar 1928

Gibt es für den Lärm der Großstadt auch so etwas wie eine Weihnachtsbotschaft? Eine Botschaft vom Kommen des Herrn Jesus? Vielleicht packt uns die Lust, hinzutreten und zu rufen aus Leibeskräften, zu schreien in den wahnsinnigen Lärm: Menschen, hört ihr denn gar nichts? Aber wer hört's? Und wenn es einer hört, so wird er lächelnd vorübergehen: »Auch eine Kuriosität der Großstadt!« Geblendet laufen sie vorbei an der Botschaft vom Kommen des ewigen Gottes zu den Menschen durch Jesus Christus. »Einer von vielen«, so sagen sie von ihm, werfen vielleicht einen Blick auf die Leute, die zur Kirche gehen, aufs Kirchenvolk, und glauben Bescheid zu wissen und gehen vorüber.

(DBW 9, 608f.)

Wesentlicher als das Wünschen war das Schenken zum Fest. Wir waren so viele! Ich brauchte nicht ganz so zahlreiche Menschen zu beschenken wie meine Mutter, aber für etwa zwanzig im Haus musste ich mir etwas einfallen lassen (denn die Mädchen sollten doch auch alle etwas bekommen). Und, meine Freundschaften mitgerechnet, sicher noch mal so viel für ›außer Haus‹. Alles wurde selbst gemacht. Gekauft galt nicht – jedenfalls nicht für Erwachsene, die sich ja alles selbst besorgen konnten. Das wäre zu langweilig gewesen.

Aus Dietrich Bonhoeffers »Ethik«

Die Liebe, um die es im Evangelium im Unterschied zu aller Philosophie geht, ist nicht eine Methode des Umgangs mit Menschen, sondern ein Hineingezogenwerden und Hineinziehen in ein Ereignis, nämlich in die in Jesus Christus vollzogene Gemeinschaft Gottes mit der Welt, »Liebe« gibt es nicht als abstrakte Eigenschaft Gottes, sondern als reales von Gott Geliebtsein des Menschen und der Welt. »Liebe« gibt es auch nicht als menschliche Eigenschaft, sondern als ein reales Zueinandergehören, Miteinandersein des Menschen mit dem Menschen und mit der Welt aufgrund der Liebe Gottes zu mir und zu ihnen.

(DBW 6, 240)

Am schwierigsten war es mit meinem Vater (nachdem es mir keinen Spaß mehr machte, den speziell an mich gerichteten, sehr dringenden Wunsch zu erfüllen, ihm seinen Tintenlöscher mit neuem Löschpapier zu beziehen). Es blieb zur Auswahl eigentlich nur eine beklebte Pappmappe, ein Kalender bemalt oder verziert oder ein umsäumtes Taschentuch. All dies machten aber die großen Geschwister besser als ich, und sehr viel mehr Kalender an der Wand, als er Zimmer bewohnte, konnte er auch nicht brauchen. Mit Handarbeiten tat ich mich damals schwer – aber es blieb nichts anderes übrig, ich musste mich daranmachen, Pulswärmer zu häkeln (stricken konnte ich damals noch nicht) oder Kissenbezüge anzufertigen. Mein größtes Geschenk an ihn war eine bunte Applikation auf einem Fensterfries für den Erker mit seinem Schreibtisch. Das hat ihn wirklich gefreut.

Aus einer Predigtmeditation zu Jesaja 5,5f.

Weihnachten 1940

Von der Geburt eines Kindes ist die Rede, nicht von der umwälzenden Tat eines starken Mannes, nicht von der kühnen Entdeckung eines Weisen, nicht von dem frommen Werk eines Heiligen. Es geht wirklich über alles Begreifen: Die Geburt eines Kindes soll die große Wendung aller Dinge herbeiführen, soll der ganzen Menschheit Heil und Erlösung bringen.

(DBW 16, 634)

Großmama fand alles schön, was selbst gemacht war, und hob es auf. Sie brauchte kleine beklebte Kommoden aus Streichholzschachteln, Blocks und Kalender immer gerade ganz dringend. Mama war schon kritischer. Sie wollte etwas Hübsches zeigen können, das ihre Kinder gemacht haben. Sie war gerne stolz auf uns. Anfänglich tat es noch ein Bild oder ein Gedicht. Topflappen konnte sie leider gar nicht brauchen, sondern nur Anna. Da hatten es andere Kinder leichter. Kleine Deckchen aus Molton, rund, zwischen Teller zu legen und mit Perlgarn langettiert, davon konnte sie wohl nie genug bekommen. Aber ich machte sie ziemlich ungern. Manchmal taten wir vier Schwestern uns auch zusammen und stickten ihr gemeinsam eine große Decke. Mir als Jüngster fiel mein Teil dann immer reichlich schwer, und so tadellos wie die anderen bekam ich es doch nicht hin. Als ich ihr am letzten Weihnachtsabend, den ich als Tochter im Haus verbrachte, voller Stolz einen mit silbergrauer Seide bestickten Tüllschal schenkte, kamen ihr vor Freude Tränen in die Augen. Ich hatte gelernt, mich von vorgezeichneten Mustern frei zu machen, und entwarf und malte mit Vergnügen mit der Nadel.

Aus einer Predigtmeditation zu Jesaja 5,5f.

Weihnachten 1940

Wie zur Beschämung der gewaltigsten menschlichen Anstrengungen und Leistungen wird hier ein Kind in den Mittelpunkt der Weltgeschichte gestellt. Ein Kind von Menschen geboren, ein Sohn von Gott gegeben. Das ist das Geheimnis der Erlösung der Welt, alles Vergangene und alles Zukünftige ist hier umschlossen.

(DBW 16, 634)

Den Geschwistern etwas zu schenken war auch nicht einfach. Ein beklebter, geschmückter Abreißblock war immer gut, aber in so vielfacher Ausfertigung doch zu langweilig. Ein Lesezeichen war zu wenig. Etwas Geld für Rohmaterial bekam ich für jeden, aber um ein Geschenk zu kaufen, dazu reichte es nicht – das war wohl beabsichtigt. Da stand ich dann oft in letzter Minute verzweifelt vor meinen eigenen Besitztümern und überlegte, welches Buch, welches Spiel, welches Bild wohl noch einen von ihnen erfreuen könnte. Aber meist war da nichts zu holen. Einmal rettete mich der Einfall, auf ein Seidenband Ranken zu malen und unten eine Glasperle anzunähen – also doch ein Lesezeichen! Und das wurde sogar in mehrfachen Ausgaben anerkannt.
Mit Geschenken ging es unter uns sehr geheimnisvoll zu. Es hätte auch niemand Spaß daran gehabt, in ein Geheimnis einzudringen. Verplappern kam schon mal vor, wurde aber mit Verachtung gestraft.

Es gab bei uns Weihnachtstruhen und Weihnachtsschränke, in denen meine Mutter alles hortete und die tabu waren. Wir hatten Mühe, alles in unseren Fächern zu verstecken – es war ja für so viele. Das Gefühl, ›so viele‹ zu sein, war vor Weihnachten bei mir besonders stark. Meine Mutter sprach vom ›großen Divisor‹, was ich zwar nicht ganz verstand, was aber in diesem Zusammenhang nichts anderes bedeuten konnte als: so viele!

Darum musste das Weihnachtszimmer auch schon sehr früh verschlossen werden, denn das Aufbauen dauerte eben einige Zeit. Später, als die Großen so langweilige Sachen wie Aktenmappen und Reiseetuis oder Schmuck und dicke Bücher bekamen und keine Spielsachen mehr, wurde die Tür erst am Tag zuvor verschlossen. Übrigens bekam auch jeder Erwachsene bei uns irgendein nettes, kleines Spielzeug auf den Weihnachtstisch. Ein einziges Mal bin ich als Kind (ganz aus Versehen) ins Weihnachtszimmer hineingerannt. Ich riss die breite Schiebetür auf und erschrak fürchterlich. Niemand war im Zimmer; man hatte vergessen abzuschließen, und der bunte Baum und der erwünschte Kaufmannsladen fielen mir sofort ins Auge. Ich war sehr traurig, denn wenn es auch niemand aus der Familie bemerkt hatte – das Christkind wusste doch alles, und dem hatte ich den Spaß verdorben.

Predigt zu Offenbarung 3,20

Barcelona, 1. Advent, 2. Dezember 1928

Freilich warten kann nicht jeder: nicht der gesättigte, zufriedene, und nicht der respektlose. Warten können nur Menschen, die eine Unruhe mit sich herumtragen, und Menschen, die zu dem Größten in der Welt in Ehrfurcht aufblicken. So könnte Advent nur der feiern, dessen Seele ihm keine Ruhe lässt, der sich arm und unvollkommen weiß und der etwas ahnt von der Größe dessen, was da kommen soll, vor dem es nur gilt, sich in demütiger Scheu zu beugen, wartend bis er sich uns neigt – der Heilige selbst, Gott im Kind in der Krippe.

(DBW 10, 529 f.)

Es war natürlich weitaus das Billigste, zu Weihnachten ein Gedicht zu machen. Das ging sogar schneller, als ein Bild zu malen – wenn nur das Ausdenken und das Schreiben nicht gewesen wären. Manchmal ließ ich mir dabei auch etwas von Sabine helfen. Gedichte gingen noch schneller als Märchen, weil sie nicht so lang waren. Gedichte natürlich über Weihnachten. Es wurden bei uns zu Beginn der Feier am Heiligen Abend Gedichte aufgesagt; so kannte ich eine Menge, an die ich mich anlehnen konnte. Und ich lehnte!

Aus einer Predigtmeditation zu Jesaja 5,5f.

Weihnachten 1940

Wie wollen wir diesem Kinde begegnen? Sind unsere Hände durch die tägliche Arbeit, die sie vollbrachten, zu hart und zu stolz geworden, um sich beim Anblick dieses Kindes anbetend zu falten?
Tragen wir unseren Kopf, der so viele schwere Gedanken hat denken, Probleme hat lösen müssen, zu hoch, als dass wir ihn vor dem Wunder dieses Kindes noch demütig beugen könnten? Können wir alle unsere Anstrengungen, Leistungen, Wichtigkeiten noch einmal ganz vergessen, um mit den Schafhirten und mit den Weisen aus dem Morgenland vor dem göttlichen Kind in der Krippe kindlich anzubeten; um mit dem alten Simeon das Kind in die Arme zu nehmen und in diesem Augenblick die Erfüllung unseres ganzen Lebens dankbar zu erkennen?

(DBW 16, 634f.)

Einmal hatte ich ganz vergessen, ein Geschenk für unsere Köchin Anna zu machen. Da half nichts als Eildichten. Aber ich war schon viel zu aufgeregt für eigene Einfälle. Doch es entstand ein prächtiges Gedicht – das aber leider fast ganz von Peter Cornelius* stammte. Mir gingen nämlich die Worte, die ich durch den Gesang meiner Mutter kannte, nicht aus dem Kopf. Und nun dichtete ich statt ›Hirten wachen im Feld‹ ungefähr so: ›Hirten ruhen im Feld‹. Merkwürdigerweise merkte Christel, die den Text auf Schreibfehler durchsah, gar nicht, dass er geklaut war, und fand ihn sehr gut. Das ließ aber mein dichterisches Gewissen doch nicht zu, und ich sagte, es wäre eigentlich nicht von mir, sondern ein bisschen abgeschrieben, so aus dem Kopf. Da fand sie es unmöglich, das zu verschenken. Aber ich tat es trotzdem und schrieb nur nicht ›Ein Gedicht von Susi‹ darüber, sondern ›Ein Weihnachtsgedicht‹. Unsere Anna kannte ja die Cornelius-Lieder bestimmt nicht.

Aus einer Predigtmeditation zu Jesaja 5,5f.

Weihnachten 1940

Es ist wahrhaftig ein seltsamer Anblick, wenn ein starker stolzer Mann seine Kniee vor diesem Kind beugt, wenn er einfältigen Herzens in ihm seinen Heiland findet und verehrt, und es muss wohl ein Kopfschütteln, ja vielleicht sogar ein böses Lachen durch unsere alte, kluge, erfahrene, selbstgewisse Welt gehen, wenn sie den Heilsruf der gläubigen Christen vernimmt: »Uns ist ein Kind geboren, ein Sohn ist uns gegeben.«

(DBW 16, 635)

Sehr eigen waren die eigenen Gedichte schließlich auch nicht. Eines liegt vor mir, auf Weihnachtsbogen, mit Goldrand – Überschrift ›Für Papa‹:

Weihnacht

Wenn's draußen weiße Flocken schneit,
dann kommt die schöne, frohe Zeit,
das ist die liebe Weihnachtszeit,
wo alles jauchzet und sich freut.
Wir sitzen im dunklen Zimmer hier.
Und fröhlich singen wir
die alten Weihnachtslieder
wieder.

Ich muss immerhin schon zehn Jahre alt gewesen sein bei diesem Produkt, an dessen eilige Ausfertigung (weil eben gar nichts rechtes für Papa gelungen war) ich mich immer peinlich erinnert habe.

Wir stehen um den Weihnachtsbaum,
es ist uns allen wie im Traum.
Vom Christbaum, da geht aus ein Strahl,
weit bis zu Bethlehems Stall.
Im Stalle liegt ein Kindlein hold.
Um sein Köpfchen glänzt ein Schein wie Gold.
Kommt, lasst uns vor ihm niederknien
und für sein Kommen danken ihm.
Von Susi

An den Adventssonntagen herrschte bei uns eine feste Tradition, der sich alle willig beugten: Man blieb beisammen; keiner ging weg, auch die großen Brüder nicht. Man traf sich nach der Vesper um fünf Uhr, ausgerüstet mit einer Weihnachtsarbeit. Erst sehr viel später, als wir alle erwachsen waren, konnte dieser Nachmittag auch auf den Abend verlegt werden. Der Tisch im Esszimmer ist so groß wie möglich ausgezogen. Es wird gemalt, genäht, gepappt und sogar gesägt – eventuell unter Abschirmung, um die Geheimnisse zu wahren. Auch die Jungens machen irgendetwas Weihnachtliches mit persönlicher Note.

Aus einer Predigt zu Lukas 21,28

London, 1. Advent, 3. Dezember 1933

Wollt ihr erlöst sein? Das ist die eine große, die entscheidende Frage, die der Advent an uns richtet. Brennt in uns noch irgendein Rest von Sehnsucht, von Erkenntnis dessen, was Erlösung heißen könnte? Wenn nicht, was wollen wir dann vom Advent?
Was wollen wir dann von Weihnachten ... ein bisschen Sentimentalität, ein bisschen innere Erhebung, ... ein bisschen Stimmung – wenn aber da etwas ist, das davon wissen will, das sich an diesem Wort entzündet, wenn da etwas in uns diesem Wort glaubt, – wenn wir spüren, es könnte noch einmal, noch einmal in unserem Leben eine Wendung ganz zu Gott hin, zu Christus hin geschehen – warum sind wir dann nicht einfach gehorsam, hören das uns angebotene, zugerufene, in die Ohren geschrieene Wort – die Erlösung ist nah, hörst du denn nicht – und dann wird Weihnachten kommen und wir sind bereit – Gott kommt zu uns, zu dir und mir, Christ, der Retter ist da.

(DBW 13, 335)

Ohne Weihnachtsarbeit hätte man sich hier deplatziert gefühlt. In der Mitte steht der große bunte Teller mit Pfefferkuchen, Äpfeln, Nüssen und Süßigkeiten. Noch ist er nicht ganz so fein gehalten wie zu Weihnachten – aber als Anfang doch herrlich. Mir sind die Thorner Katharinchen am liebsten, die nachher auf den bunten Weihnachtstellern nicht mehr zu finden sind. Aber noch gibt es nichts. Erst einmal wird gearbeitet und gesungen. Die Arbeit geht während des Singens munter weiter. Nur was allzu viel Krach macht (wie das Sägen), muss dann aufhören. Aber bei manchen Liedern ist der Chor so jubelnd laut, dass selbst eine Säge nicht zu hören wäre.

Predigt zu Offenbarung 3,20

Barcelona, 1. Advent, 2. Dezember 1928

Wenn der Advent wieder kommt, und wir die alten Weihnachtslieder wieder singen und hören, da beschleicht uns heimlich ein sonderbares Gefühl, da werden die härtesten Herzen weich, da spüren wir etwas, wie wir's als Kinder kannten, wenn wir fort waren von der Mutter; etwas wie Heimweh nach vergangenen Zeiten, fernen Orten, und doch so ein seliges Heimweh ohne Härte, ohne Verbissenheit, und es sehnt sich in uns etwas hinaus, weiter als in vergangene Jahre, als ins Elternhaus, ja nach der Heimat jenseits der Wolken, hin zu einem ewigen Vaterhaus.

(DBW 10, 529 f.)

Gesungen wird nach Vorschlag. Vom Jüngsten, also von mir, aufwärts schlägt jeder ein Lied vor. Das geht während des Nachmittags dann drei- bis viermal rund herum; alle Arten von Advents- und Weihnachtsliedern gemischt durcheinander. Das Repertoire ist groß; es geht von ›Ein Räppchen zum Reiten‹ bis ›Gelobet seist du, Jesus Christ‹. Die Texte der verschiedenen Verse werden auswendig gekonnt; ein Buch gibt es nicht. Meine Mutter und Hörnchen wissen durch ihre gute Schulung in der Brüdergemeine alles so sicher, dass sie uns ins Schlepptau nehmen und wir es von selbst lernen. Wenn die ersten Lieder gesungen sind, geht der bunte Teller herum, und dann wird gegessen und geschwatzt, bis wir wieder reihum fortfahren, Lieder vorzuschlagen. Zur Halbzeit, so gegen sechs Uhr, greift mein Vater zum Märchenbuch und beginnt vorzulesen.

Aus einem Brief Dietrich Bonhoeffers aus der Haft an Eberhard Bethge

Tegel, 21. November 1943

Dann kommt die Adventszeit, an die wir so viele gemeinsame schöne Erinnerungen haben. Die Welt dieses Musizierens, wie wir es Jahre hindurch in den Adventswochen getrieben haben, hast Du mir eigentlich erst aufgeschlossen.
So eine Gefängniszelle ist übrigens ein ganz guter Vergleich für die Adventssituation; man wartet, hofft, tut dies und jenes – letzten Endes Nebensächliches –, die Tür ist verschlossen und kann nur von außen geöffnet werden. Das fällt mir nur eben so ein; glaube nicht, dass einem hier viel an Symbolen gelegen ist!

(DBW 8, 197)

Nun arbeitet alles mucksmäuschenstill. Schweigend reiche ich Hörnchen Nadel und Perlgarn zum Einfädeln, und schweigend bitte ich sie durch Gesten ums Vernähen, wenn der Faden zu Ende ist. Die Jungens mit ihren Holz- und Papparbeiten hören tatenlos zu, sonst würde es zu viel Unruhe machen; aber die Nadeln sticheln weiter, und auch die Malerei wird nicht unterbrochen, denn es soll ja etwas geschafft werden. Mein Vater liest die Schneekönigin von Andersen, und ich liebe das Räubermädchen mehr als die kleine Gerda, die so brav ist. Er liest auch von Ole Lukoje, dem dänischen Sandmännchen mit seinen sieben Träumen, und ich mag den großen dunklen Bruder des Träumers am meisten: den Tod, der die kranken Kinder vor sich aufs Pferd setzt und davonreitet. Aber auch ›Klein Zaches‹ und den ›Goldenen Topf‹ von Ernst Theodor Amadeus Hoffmann lerne ich so kennen und lieben. Diese Adventsnachmittage, an denen auch mein Vater sich Zeit nahm, waren die schönsten Stunden meiner Kindheit.

Aus einem Brief
an die Finkenwalder Brüder

Groß-Schlönwitz, 20. Dezember 1937

Gott will nicht tote Christen, sondern Christen, die ihrem Herrn leben. Hören wir dieses Wort nicht, so ist Weihnachten an uns vorübergegangen.

(DBW 15, 17)

Zur Vorweihnachtszeit gehörten auch die Nervositäten. Sie übertrugen sich von den gehetzten und überanstrengten Erwachsenen auf die Kinder. Vielleicht war man auch, weil man sich gerade in so liebevollen Vorbereitungen für die Hausgenossen befand, in besonders weicher, empfindlicher Stimmung und fühlte jede Schärfe, jede rasche Vermahnung stärker als allgemein. Ich habe in der Adventszeit mehr geweint als sonst – und je näher das Fest kam, umso öfter. Aber es ging nicht nur mir so. Das im täglichen Ablauf der Arbeitsleistungen gestörte Personal brummte und reagierte ärgerlich auf jede von uns Kindern verursachte Mehrbelastung. Ich weiß, dass ich oft dachte: »Wenn die gerade vor Weihnachten so gemein zu mir ist, habe ich gar keine Lust, ihr etwas zu schenken!« Dazu kam für Schulkinder noch die Sorge um das Zeugnis am letzten Schultag, denn man wünschte ja nicht gerade, den Eltern zu Weihnachten eine fragliche Versetzung zu präsentieren. Bei den meisten von uns war das kein Problem, aber bei Klaus und mir doch öfter möglich. Waren es die langen, dunklen Abende, an denen man nicht hinausging und in den Zimmern zusammenhockte? Oder einfach Verschnupfungen? Waren es in den Kriegs- und Nachkriegsjahren das Frieren oder die Unterernährung, die sich am Winteranfang besonders bemerkbar machten? Jedenfalls waren wir in einer gereizten Stimmung. Wenn es gut ging, machten wir uns schonend auf die allgemein bekannte ›Weihnachtsstimmung‹ aufmerksam.

Auch bei meiner Mutter gab es stets ein- oder zweimal in all ihrer eifrigen Tätigkeit einen verzweifelten Abklapp. »Ich schaffe es diesmal nicht! Ich bin noch nie so weit zurückgewesen wie in diesem Jahr. Früher ging mir alles besser von der Hand! Dieses Weihnachten macht mich einfach hin.« Da half kein Nachfragen, was denn noch wäre – »alles!«; was man denn helfen könne – »nichts!«; ob sie sich nicht hinlegen wolle – »unmöglich!«; ob wir dann nicht anfangen sollten, irgendetwas von dem zu tun, was noch vorläge – »sinnlos!« Da half nur abwarten und eventuell ein Glas Vials-Wein*; oder auch Besuch, den sie zwar entsetzlich störend fand, für den sie sich aber zusammenriss und der sie dann auch ablenkte. Falls mein Vater erreichbar war, waren solche Zusammenbrüche schnell überwunden. Er blieb von all dem Weihnachtstrubel verschont und gleichmäßig überlegen.

Aus einer Predigt zu Deuteronomium 32, 48-52

Havanna/Cuba, 4. Advent, 21. Dezember 1930

Jeder von uns geht mit verschiedenen persönlichen Gefühlen Weihnachten entgegen, die einen in reiner Freude im Blick auf diesen Tag des Jubels, der Freundlichkeit und der Liebe.
Andere suchen unterm Christbaum für einen Augenblick Ruhe vom Alltag, sie wollen träumen von vergangenen sonnigen Tagen und Zeiten, sie wollen vergessen, was um sie ist, wenn sie in die Lichter am Christbaum schauen und die alten Weihnachtslieder hören, sie sehnen sich nach diesem seligen Vergessen.
Wieder andere gehen mit großer Bangigkeit Weihnachten entgegen.
Menschenherzen unter dem Christbaum sehen so überaus verschieden aus.

(DBW 10, 586)

Die Eltern sind abends ausgegangen. Wir sitzen mit unserer Großmutter und Weihnachtsgebäck im Wohnzimmer. Es ist der vierte Advent, und wir wollen noch beisammen bleiben. Aber zwischen uns hockt die Nervosität, und wahrscheinlich wollte keiner außer der Großmama gemütlich sein. Jeder hatte noch zu tun. Irgendeine Lappalie bringt uns ins Streiten. Hin und her, immer heftiger; ich bin unbeteiligt und verhalte mich zuhörend. Da ruft die Ahnfrau plötzlich mit mächtiger Stimme: »So schweigt jetzt und singt ›Stille Nacht‹!« Der Streit endet in wildem Gelächter, und die Familie hat ein geflügeltes Wort mehr.

Aus einem Brief Dietrich Bonhoeffers aus Amerika an die Großmutter Julie Bonhoeffer

New York, 10. Dezember 1930

Liebe Großmama,
in diesem Gebäude sitze ich jetzt eben und schicke Dir viele herzliche Weihnachtsgrüße. Wenn Ihr nur nach all den unruhigen letzten Monaten wenigstens diese Tage ganz in Ruhe feiern könntet, und wenn auch ein paar von uns fehlen, so wird es den Kindern sicher gelingen, das Fest nicht allzu still vergehen zu lassen. Hoffentlich habt Ihr an diesen Tagen, wo alle, die sonst so beschäftigt sind und wenig Zeit haben, zu Haus sind und sich ein paar Tage ganz Ruhe lassen, viel Freude. Es sind doch immer schöne Tage, wenn die gewöhnlich in alle Richtungen zerstreute Familie sich wieder sammelt.*

(DBW 10, 213f.)

Die Leckereien für die bunten Teller werden im Haus zubereitet. Marzipankonfekt zu backen ist die Spezialität meiner Mutter. Die hübsch geformten Stückchen dürfen im Ofen nicht zu braun werden – aber dann sehen sie aus wie vom Konditor und schmecken noch besser. Hörnchen macht Schokoladenkonfekt, und ich darf ihr dabei helfen. Die verschiedenen Nuss- und Mandelfüllungen werden geformt und kurz in einen duftenden Schokoladenbrei eingetaucht. Kuvertüre nennt man ihn, und das klingt mir wie Musik. Um keinen Preis darf ein Tropfen Wasser hineinfallen. Sind die kleinen Mohren aus dem Bad genommen und auf eine glatte Platte gesetzt, darf ich oben eine weiße Nuss oder Mandel hineindrücken. Ich habe bei diesen Vorbereitungen nie den Reiz verspürt, etwas zu kosten. Vor Heiligabend kamen diese Leckereien einfach nicht in Betracht.

Aus Dietrich Bonhoeffers »Ethik«

Weil Gott Mensch wurde, darum muss verantwortliches Handeln im Bereich des Menschlichen abwägen, urteilen, werten, darum muss es auch die Folgen des Handelns ernstlich bedenken und den Blick in die nächste Zukunft wagen, – verantwortliches Handeln darf nicht blind sein wollen –, weil aber Gott Mensch wurde, darum muss verantwortliches Handeln im Bewusstsein der Menschlichkeit seiner Entscheidungen das Urteil über dieses Handeln wie auch seine Folgen ganz an Gott ausliefern.
Die Tat, die unter verantwortlicher Abwägung aller Umstände im Blick auf die letzte Wirklichkeit der Menschwerdung Gottes in Christus geschieht, wird im Augenblick des Vollzuges allein Gott ausgeliefert.

(DBW 6, 224)

Die andere lukullische heilige Handlung war die Zubereitung einer Gänseleberpastete nach altem Familienrezept, die meine Mutter persönlich vornahm (allerdings erst wieder in besseren Zeiten). Es war eine Art Handarbeit von ihr für meinen Vater, der diese sehr schätzte. Alle abgekochten und vorbereiteten Zutaten wurden ins Esszimmer gebracht, und meine Mutter hantierte dort hausfraulich in weißer Schürze – stark verfremdet. In Steintöpfe eingedrückt diente dieses Gericht an den Feiertagen als Vorspeise. Doch als Dietrich als junger Student irgendwie erfuhr, dass das Gänsestopfen, welches für die Leberpastete unbedingt notwendig sei, eine üble Tierquälerei wäre, machte er einen Aufstand gegen diesen Genuss, und meine Mutter ließ sich überzeugen. Sie fabrizierte und kaufte nie wieder Gänseleberpastete. Nun blieb ihr nur noch, ihre ganze Liebe in den vorzüglichen Heringssalat zu legen, von dem unter ihrer Aufsicht und Mitwirkung sicher ein viertel Zentner entstand. So viel wurde auch gebraucht.

Aus einem Brief von Karl Bonhoeffer an seinen Sohn Dietrich

Berlin, 22. Dezember 1933

Lieber Dietrich!
Ich denke, der Brief wird übermorgen in Deinen Händen sein, wenn Du am Abend mit Deinen Hausgenossen Weihnachten feierst. Wir werden viel zu Euch hindenken. [...] Wir werden wohl in der gewohnten Weise nach dem Feiern bei den Enkeln uns zusammenfinden, die ältesten Enkel Hans Walter und Renate dürfen zum Abend auch bei den Großeltern mitfeiern. Von der traditionellen Gänseleber soll Dir auch etwas zufließen. [...] Im Ganzen dürfen wir, was die Familie anlangt, trotz allem dankbar sein, dass wir Weihnachten gesund und alle Kinder in der Tätigkeit wissend feiern dürfen. Ich denke, Du wirst von den einzelnen Geschwistern Nachricht bekommen, so dass ich Dir über die nicht zu berichten brauche. [...]
Hab einen schönen Weihnachtsabend
und sei herzlich gegrüßt von Deinem Vater

(DBW 13, 54f.)

Ein traditioneller Brauch war uns durch den Krieg abhandengekommen – das Pfefferkuchenhaus. Ich kannte es nur aus Erzählungen, sah es aber ganz deutlich vor mir: mit rotem Dach und voll verlockender Süße. Das erste, welches ich wirklich erblickte, war von mir selbst hergestellt. Bei Hörnchen hatte ich mich erkundigt, wie man es machen könne. Es gab viele Wege, und ich versuchte sie im Lauf der Zeit alle. Jahr für Jahr wurden die Häuser, die ich baute, stabiler, bunter, einfallsreicher.

Aus Dietrich Bonhoeffers »Ethik«

In Jesus Christus glauben wir
den menschgewordenen, gekreuzigten
und auferstandenen Gott.
In der Menschwerdung erkennen wir
die Liebe Gottes zu seiner Kreatur.

(DBW 6, 148)

Das Mühsamste war das Einwickeln der schmalen, hellen Hustenbonbons in rotes Glanzpapier, die das Dach ergaben und zu diesem Zweck als Ziegel auf Pappe aufgenäht wurden. Ziegel über Ziegel! Aber diese Dächer waren eben das, was man nirgends sonst sah oder kaufen konnte (wenn auch Pfefferkuchenhäuser in dieser Zeit in vielen Bäckerläden zu finden waren). Auch die mit bunten Bonbonfrüchten geschmückten Bäume aus Buchs und die Dachrinne aus Borkenschokolade, mit Brezeln behängt, waren mein Sondergut. Hänsel und Gretel nebst Hexe formte ich aus Marzipan. Daran merkte ich, dass es gar nicht so schwer war, Menschen nach meinem Bild zu machen*.
So wurde ich Pfefferkuchenhaus-Spezialist.

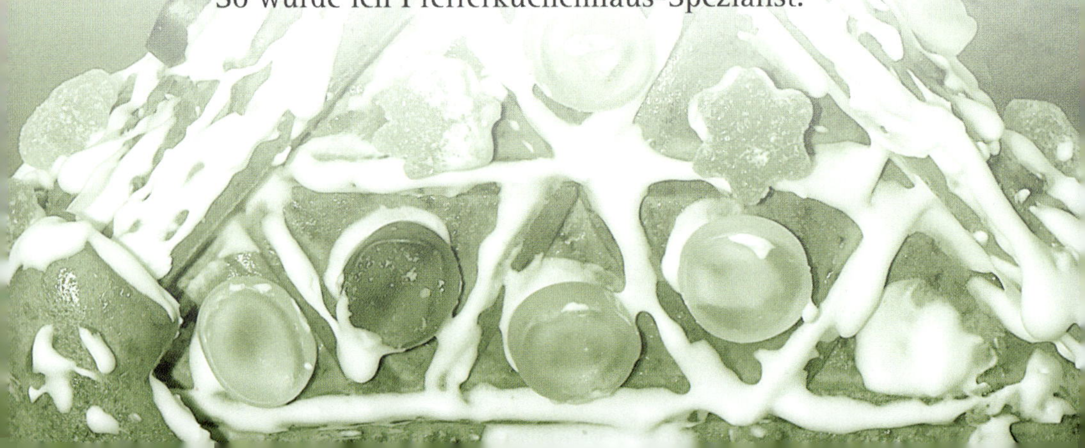

Aus Dietrich Bonhoeffers »Ethik«

Jesus Christus, der Mensch, das bedeutet,
dass Gott in die geschaffene Wirklichkeit eingeht,
dass wir vor Gott Menschen sein dürfen und sollen.

(DBW 6, 149)

Beim Weihnachtsbazar der Studenten-Nothilfe brachten meine Häuser als Hauptgewinn und durch Versteigern viel Geld ein. Aber auch schon vorher, in der Haushaltungsschule des Pestalozzi-Fröbel-Hauses, wurden sie beim Weihnachtsverkauf viel bewundert. Die Lehrerin, die sie bei der Ausstellung erstmalig sah (ich hatte sie zu Hause gefertigt und im Auto transportiert), heimste viel Lob dafür ein und erklärte allen genau, wie man es machen müsse. Ich hoffe, sie hat nicht gleich danach versucht, ein so kompliziertes Haus zu bauen – es wäre ihr sicher misslungen, denn meine durch Übung erworbenen Tricks hatte ich ihr nicht verraten.

Aus Dietrich Bonhoeffers »Ethik«

Menschwerdung, Kreuz und Auferstehung mögen in ihrer Einheit und in ihrer Unterschiedenheit deutlich geworden sein.
Christliches Leben ist Leben mit dem menschgewordenen, gekreuzigten und auferstandenen Jesus Christus, dessen Wort als Ganzes uns in der Botschaft von der Rechtfertigung des Sünders aus Gnaden begegnet. Christliches Leben heißt Menschsein in kraft der Menschwerdung, heißt gerichtet und begnadigt sein in kraft des Kreuzes, heißt ein neues Leben leben in der Kraft der Auferstehung.
Eines ist nicht ohne das andere.

(DBW 6, 150)

Unser Weihnachtsbaum kam immer aus Friedrichsbrunn. Anfänglich suchte der Förster ihn aus. Später schickte ihn dann Vater Sanderhoff mit einem Baumtransport persönlich an uns. Wir vermuteten seitdem immer, einen gestohlenen Weihnachtsbaum zu haben. Nie wollte er Geld dafür; so hielten wir es für ein Geschenk und spielten mit. Mein Vater sagte dann gerne mit leisem Schmunzeln zu verblüfften Gästen, der schöne Baum sei aus dem preußischen Staatsforst gestohlen.

Aus einem Brief an die Finkenwalder Brüder

Groß-Schlönwitz, 20. Dezember 1937

Wo anders sollen wir die Gnade suchen für alle Untreue, allen Kleinglauben, alles Versagen als in der Niedrigkeit Gottes in der Krippe? Wo anders wollten wir Heilung für unsere Seele, für unser Leben suchen als bei dem, der uns zum Heil erschienen ist?

(DBW 15, 16)

Die Fichte reichte in dem hohen Zimmer vom Fußboden bis zur Decke, sodass der Stern oben anstieß. Als ich noch an des Christkinds persönliche Einwirkung auf unser Familienfest glaubte, wusste ich natürlich nichts von einem gestohlenen Baum – und dass er plötzlich im Zimmer stand, erschien mir wie ein Wunder. Ich habe den Baum damals nie vorher gesehen. Dass es Weihnachtsbäume zu kaufen gab, bemerkte ich zwar an allen Ecken – aber die Leute taten mir leid, die das nötig hatten. Für uns kam das nicht infrage, zu uns brachte ihn das Christkind. Solche Stände waren eben wie Läden, in denen man Tannengrün und Adventskränze kaufen konnte. Ein richtiger Christbaum war nicht gekauft!

Aus einem Brief an Martin Boeckheler

Im Advent 1938

Es geht einem von Jahr zu Jahr deutlicher auf, was es heißt, dass die Herrlichkeit Gottes in der Krippe, sein Reichtum in der Armut, dass Gott im Fleisch sich offenbarte. Möchten Sie alle und Ihre Gemeinden teilhaben an der großen Weihnachtsfreude, in der wir wieder stehen dürfen als die Armen und doch reich, als die Verlassenen und doch geliebt.

(DBW 15, 92f.)

Später freute ich mich aber besonders an unserem Friedrichsbrunner Baum, und ich hätte die Harzer Fichte gegen keine Edeltanne tauschen mögen. Einmal aber (es muss in der Inflationszeit gewesen sein) kam keine Lieferung aus dem Harz. Wir hatten gewartet und gewartet, und nun mussten wir doch einen besorgen gehen. Aber jetzt gab es keine mehr. Rüdiger, unser ältester Schwager, kam nach langem Suchen mit einer kleinen Kiefer an, denn sein Söhnchen Hans-Walter war bald ein Jahr alt, und da musste doch unbedingt ein Lichterbaum oben in der kleinen Wohnung im Zimmer stehen. Mein Vater sagte, es gäbe in der ganzen Stadt keine Weihnachtsbäume mehr, und es würde wohl nichts übrig bleiben, als die Blautanne hinten aus dem Garten zu nehmen. Das wäre aber sehr schade gewesen, denn sie war einer der wenigen schmückenden Bäume in unserem Garten.

Predigt zu Lukas 1,46-55

London, 3. Advent, 17. Dezember 1933

Und darum können wir an seine Krippe nicht treten, wie an die Wiege eines anderen Kindes, sondern wer an seine Krippe gehen will, mit dem geht etwas vor, der kann nur gerichtet oder erlöst wieder von ihr fortgehen, der muss hier entweder zusammenbrechen oder er weiß die Barmherzigkeit Gottes sich zugewandt. Was heißt das? Ist das nicht alles Redensart, pastorale Übertreibung einer schönen frommen Legende? Wer es als Redensart nehmen will, der tue es und feiere Advent und Weihnachten weiterhin so heidnisch unbeteiligt wie bisher. Uns ist es keine Redensart. Denn das ist es ja, dass es Gott selbst ist, der Herr und Schöpfer aller Dinge, der hier so gering wird, der hier in den Winkel, in die Verborgenheit, in die Unansehnlichkeit der Welt eingeht, der in der Hilflosigkeit und Wehrlosigkeit des Kindes uns begegnen und unter uns sein will.

(DBW 13, 341)

Am 22. Dezember waren die großen Brüder noch einmal durch die ganze Stadt gefahren und hatten nichts bekommen. Am 23. machten sich Dietrich und ich nochmals auf und liefen zu den Güterbahnhöfen, um dort, falls noch eine Ladung käme, gleich zuzugreifen. In Halensee hatten wir kein Glück, aber schließlich gelang es uns doch noch nach vielem Hin- und Hergeschicktwerden, in der Nähe des Bahnhofs Charlottenburg einen – wohl für die dortige Bevölkerung zu großen und teuren, für unser Zimmer aber eher etwas kleinen – Baum zu erwerben, der gerade am Bahnhof angekommen war. Als stolze Sieger zogen wir den weiten Weg mit unserer Beute heim. Es war das einzige Mal, dass ich in meiner Jugendzeit vor dem Schmücken einen Weihnachtsbaum sah.

Predigt zu Lukas 1,46-55

London, 3. Advent, 17. Dezember 1933

In die Nähe der Krippe wagt sich kein Gewaltiger, hat sich der König Herodes auch nicht gewagt. Denn eben hier wanken die Throne, fallen die Gewaltigen, stürzen die Hohen, weil Gott mit den Niedrigen ist, hier werden die Reichen zunichte, weil Gott mit den Armen und Hungernden ist, weil er die Hungernden satt macht, aber die Satten und Reichen gehen leer aus. Vor der Maria, der Magd, vor der Krippe Christi, vor Gott in der Niedrigkeit, kommt der Starke zu Fall, hat er kein Recht, keine Hoffnung, ist er gerichtet.

(DBW 13, 342)

Von der Konfirmation an hatte man das Recht, mitschmücken zu dürfen. Ich verzichtete aber darauf, weil ich glaubte, meine Freude am Heiligen Abend würde beeinträchtigt, wenn ich Baum und Krippe schon vorher sähe. Im Jahr darauf war ich dann doch mit großer Freude dabei. Auch hier herrschte ein festes Zeremoniell. Die Möbel waren zur Aufnahme aller Weihnachtlichkeiten schon morgens am 23. Dezember so gerückt worden, dass der Baum Herberge fand. Mit Axt und Säge befestigte die junge Mannschaft dann unter reichlichem Kriegsgeschrei den hohen Baum senkrecht im flachen Holzkreuz und versicherte ihn noch mit dünnem Draht an den Zimmerecken, damit er gerade stehe und nicht stürze. Nur selten wurde bedacht, den Stern vorher anzubringen, was immer zu Komplikationen führte.

Brief Dietrich Bonhoeffers aus der Haft

Tegel, 17. Dezember 1943

Liebe Eltern!

Es bleibt mir wohl nichts übrig, als Euch für alle Fälle schon einen Weihnachtsbrief zu schreiben. Wenn es mir auch über mein Begriffsvermögen geht, dass man mich möglicherweise noch über Weihnachten hier sitzen lassen will, so habe ich in den vergangenen 8 1/2 Monaten doch gelernt, das Unwahrscheinliche gerade für wahrscheinlich zu halten, und mit einem sacrificium intellectus über mich ergehen zu lassen, was ich nicht ändern kann – allerdings ganz vollständig ist dieses sacrificium doch nicht und der intellectus geht im Stillen seine eigenen Wege. Ihr müsst nun vor allem nicht denken, dass ich mich durch dieses einsame Weihnachten werde niederschlagen lassen; es wird in der Reihe der verschiedenartigen Weihnachten, die ich in Spanien, in Amerika, in England gefeiert habe, für immer seinen besonderen Platz einnehmen, und ich will in späteren Jahren nicht beschämt, sondern mit einem gewissen Stolz an diese Tage zurückdenken können. Das ist das einzige, was mir niemand nehmen kann.

Mein Vater brannte die Dochte der Kerzen an, um es nachher beim Anzünden leichter zu haben. Sabine oblag es, Äpfel zu polieren, Nüsse in Schaumgold zu hüllen und sie an Fäden zu befestigen. Ich bedrahtete die Süßigkeiten, während die beste Möglichkeit, Äpfel aufzuhängen, viel diskutiert wurde. Erst Äpfel, dann Kerzen, dann Tannenzapfen, dann Nüsse – so war die festgelegte Reihenfolge, immer der Schwere nach. Und schließlich die bunten Kugeln (von denen ich die samtroten besonders liebte), die Trompeten, die kleinen Wachsengel, der Schneemann aus Watte mit dem Pappgesicht, den ich als Kind jedes Jahr suchte, ob er auch wieder da wäre. Die kleinen Laternchen, die sich durch die Lichtwärme drehten, die Süßigkeiten – und das Lieblichste: die zartklingenden Glöckchen und die winzigen Trompetchen richtig zum Reinblasen, und dann kam ein kleiner Ton; all das aus buntem oder goldenem Glas.

Dass es aber nun auch Euch, Maria und den Geschwistern und Freunden nicht erspart bleibt, mich Weihnachten im Gefängnis zu wissen, und dass damit über die wenigen fröhlichen Stunden, die Euch in dieser Zeit noch geblieben sind, ein Schatten fallen soll, das kann ich nur dadurch verwinden, dass ich glaube und weiß, dass Ihr nicht anders denken werdet als ich und dass wir in unserer Haltung angesichts dieses Weihnachtsfestes einig sind; und das kann schon darum garnicht anders sein, weil ja diese Haltung nur ein geistiges Erbstück von Euch ist.

Und die Vögel, die schwebten oder auf Ästen saßen! Es war wirklich ein Wunderbaum, über den dann zum Schluss noch ein wenig Lametta gehängt wurde. Jeder schmückte seiner Größe entsprechend oder mit Leiter, ganz nach eigenem Gutdünken; mein Vater achtete bloß darauf, dass die Kerzen vernünftig angebracht waren. Wenn die Familie dann das Werk ihrer Hände begutachtet hatte und zufriedengestellt war, wurde ins Wohnzimmer Punsch gebracht, und dazu gab es bunte Teller. Ein kleiner Vorgeschmack auf Silvester, ein Abschied. War es wirklich schon ein Jahr her, das letzte Mal? Und morgen wirklich wieder Heiligabend? Während wir beim Baumschmücken ein Weihnachtslied nach dem anderen gesungen hatten, ging das Punschtrinken sehr schweigsam und fast etwas wehmütig vor sich.

Ich brauche Euch nicht zu sagen, wie groß meine Sehnsucht nach Freiheit und nach Euch allen ist. Aber Ihr habt uns durch Jahrzehnte hindurch so unvergleichlich schöne Weihnachten bereitet, dass die dankbare Erinnerung daran stark genug ist, um auch ein dunkleres Weihnachten zu überstrahlen. In solchen Zeiten erweist es sich eigentlich erst, was es bedeutet, eine Vergangenheit und ein inneres Erbe zu besitzen, das von dem Wandel der Zeiten und Zufälle unabhängig ist.

Inzwischen hatten die Mädchen rund um den Baum wieder sauber gemacht, Seidenpapiere, Schachteln, Holzwolle und die Scherben von ein oder zwei Kugeln beseitigt, die unserem Eifer zum Opfer gefallen waren. Nun konnte man sich von Neuem an die Arbeit machen und die Krippe aufbauen. Das war die schwierigste Aufgabe des Abends. Mit großer Sorgfalt wurde Stück für Stück aus der Kiste genommen, ausgewickelt und auf den Tisch gestellt. Kleine Schadstellen wurden nachgemalt, geleimt oder mit Knete und Gips ergänzt. Ein grüner Fries bedeckte die großen Kisten, auf denen Stall und Herde aufgebaut wurden (der Stall etwas erhöht). Er war mit einem Strohdach versehen und bestand aus bemalten Pappwänden, die man mit Haken aneinander befestigte. Mein Vater und Dietrich bauten den Stall auf. Jedes Mal wollten sie schon im Vorjahr beim Wegräumen einige Erleichterungen für den Aufbau angebracht haben, aber stets ging es doch wieder provisorisch zu. Schließlich sollte es ja auch eine behelfsmäßige Unterkunft sein. Nur das Dach musste ab und zu erneuert werden. Dazu nähte Hörnchen mit großen Stichen Flaschenhülsen aus Stroh auf das Pappdach. Wenn die Kisten mit dem Stall in der richtigen Entfernung vom Baum dastanden, baute jeder etwas auf.

Das Bewusstsein, von einer geistigen Überlieferung, die durch Jahrhunderte reicht, getragen zu sein, gibt einem allen vorübergehenden Bedrängnissen gegenüber das sichere Gefühl der Geborgenheit. Ich glaube, wer sich im Besitze solcher Kraftreserven weiß, braucht sich auch weicherer Gefühle, die meiner Meinung nach doch zu den besseren und edleren der Menschen gehören, nicht zu schämen, wenn die Erinnerung an eine gute und reiche Vergangenheit sie hervorruft. Überwältigen werden sie denjenigen nicht, der an den Werten festhält, die ihm kein Mensch nehmen kann.

Die Krippe war der Mittelpunkt des Weihnachtszimmers und wurde von allen bewundert. Niemand hatte eine so große und schöne Krippe wie wir, fand ich. Sie war das erste Weihnachtsgeschenk meines Vaters an meine Mutter gewesen, und sie wurde nicht vom Christkind gebracht, sondern stand auf dem Dachboden verpackt das ganze Jahr über da. Und doch umgab sie eine große Heiligkeit. Wenn das kleine Kerzchen neben dem Kind brannte und die heilige Familie, den Ochsen und den Esel beleuchtete, während die Hirten und Könige im Licht des Raumes standen; wenn die Stallfenster aus roter Blatt-Gelatine so lebendig leuchteten und der hohe Metallkomet über dem Stall glänzte – dann war Heilige Nacht in unserem Esszimmer, dann war die Zeit erfüllt und es begab sich.

Vom Christlichen her gesehen kann ein Weihnachten in der Gefängniszelle ja kein besonderes Problem sein. Wahrscheinlich wird in diesem Hause hier von Vielen ein sinnvolleres und echteres Weihnachten gefeiert werden als dort, wo man nur noch den Namen dieses Festes hat.

Selbst das großmächtige Kamel gewann etwas an Würde und wirkte anbetend in seiner behäbigen Ruhe. Den einen der Weisen mochte ich nicht besonders: Er hatte einen roten Mantel an und schien so vornehm zurückhaltend – während der Mohrenkönig ganz Demut und Hingabe war. Die Hirten und Joseph liebte ich sehr. Und die Schäfchen! Manche waren sich ganz gleich, eins wie das andere; aber es gab ein kleines Böckchen, das ich jedes Jahr von Neuem ins Herz schloss. Ich hing mit großer Liebe an unserer Krippe und war die Einzige, der es erlaubt war, wenigstens die Schäfchen ein bisschen weiden zu lassen und auch die Hirten und Könige anzufassen und umzustellen. Die Großen sagten jedenfalls immer, sie hätten die Krippe nicht einmal berühren dürfen, und sie fanden mich mal wieder bevorzugt. Jetzt mochte aber keiner von ihnen mehr damit spielen.

Dass Elend, Leid, Armut, Einsamkeit, Hilflosigkeit und Schuld vor den Augen Gottes etwas ganz anderes bedeuten als im Urteil der Menschen, dass Gott sich gerade dorthin wendet, wo die Menschen sich abzuwenden pflegen, dass Christus im Stall geboren wurde, weil er sonst keinen Raum in der Herberge fand, – das begreift ein Gefangener besser als ein anderer und das ist für ihn wirklich eine frohe Botschaft, und indem er das glaubt, weiß er sich in die alle räumlichen und zeitlichen Grenzen sprengende Gemeinschaft der Christenheit hineingestellt und die Gefängnismauern verlieren ihre Bedeutung.

Der Heilige Abend begann am Mittag mit der durch alle Kriegs- und Überflusszeiten gleichbleibenden Kartoffelsuppe mit Würstchen, die ihren besonderen Reiz dadurch erhielt, dass sie im Arbeitszimmer meines Vaters genossen wurde; formlos und ohne Bedienung, rund um den sechseckigen Tisch, ja sogar auf dem Patientensofa sitzend. Der Mittagsschlaf war anschließend Pflicht, aber er gelang nie. Dann ein letzter Blick auf meine Geschenke für alle, verpackt in einem grünbeklebten Pappkarton. Der stille Weg der ganzen Familie zum Grab meines Bruders Walter auf dem Halenseer Friedhof; etwas fröstelnd findet man sich anschließend zu Tee und Stollen im Salon zusammen. Danach das Festkleid anziehen – und bebendes, altbekanntes Warten oben im Kinderzimmer auf den Ruf »runterkommen!«

Ich werde am heiligen Abend sehr an Euch alle denken, und ich möchte gern, dass Ihr glaubt, dass auch ich ein paar wirklich schöne Stunden haben werde und mich die Trübsal bestimmt nicht übermannt. Am schwersten wird es für Maria sein. Es wäre schön, sie bei Euch zu wissen. Aber es wird für sie besser sein, wenn sie zu Hause ist. Wenn man an die Schrecken denkt, die in letzter Zeit in Berlin über so viele Menschen gekommen sind, dann wird einem erst bewusst, für wieviel wir noch dankbar sein müssen.

Im Herrenzimmer stehen viele Stühle in zwei Kreisen. Die Familie ist beisammen und wartet. »Die Mädchen sollten jetzt wirklich heraufkommen«, sagt mein Vater, und einer von uns muss sie holen gehen. Da kommen sie herein – eine Reihe schwarzglänzender, weißbeschürzter Frauen, eine nach der anderen, je nach Würde und Alter. Sie bemühen sich, möglichst in der zweiten Reihe Platz zu finden. Auch die nur tageweise Beschäftigten (Plättfrau, Waschfrau, Näherin und Zugehfrauen) feiern mit. »Und es begab sich ...« – meine Mutter liest die Weihnachtsgeschichte. Wir Kleinen sagen etwas auf und geben unsere Weihnachtsbogen ab, auf denen ein Gedicht in Schönschrift steht. Jetzt sagt meine Mutter Vers für Vers den Text des Liedes ›Dies ist der Tag, den Gott gemacht‹ vor. Ich kann mich nicht an eine Zeit entsinnen, wo ich es nicht auswendig wusste. Wir können es alle. Aber vielleicht eins der Mädchen nicht? Wir sollen mitsingen und tun es auch. Immer wenn ich dieses Lied höre, habe ich die Stimme meiner Mutter im Ohr: »Wenn ich dies Wunder fassen will, so steht mein Geist vor Ehrfurcht still.«

Es wird wohl überall ein sehr stilles Weihnachten werden und die Kinder werden später noch lange daran zurückdenken. Aber vielleicht geht gerade dabei manchem zum ersten Mal auf, was Weihnachten eigentlich ist.

Grüßt die Geschwister und die Kinder und alle Freunde sehr von mir. Gott behüte uns alle.

In großer Dankbarkeit und Liebe grüßt Euch

Euer Dietrich

(DBW 8, 239 ff.)

Jetzt löscht mein Vater das Licht und geht leise aus dem Zimmer. Stille, Dunkelheit, Herzklopfen. Dann heißt es »Susi?«, und ich muss das erste Lied vorschlagen, denn nun wird im Dunkeln gesungen. So geht es weiter, dem Alter nach: »Sabine?«, »Dietrich?« – bis plötzlich das ganz helle Glöckchen klingelt. Das Lied bricht ab, wir ziehen (die Zwillinge und ich voran) aus der Dunkelheit in das strahlende Weihnachtszimmer. Es wäre unfromm und ein Verstoß gegen jede gute Sitte, wenn einer den Blick schon jetzt auf die Geschenke richten würde – ehe das beim Hereinkommen angestimmte Lied ›Ihr Kinderlein, kommet‹ verklungen ist. Wir stehen rund um den Christbaum und bewundern ihn, während wir alle Verse des Liedes vom Christbaum singen, welcher der schönste Baum ist. Dann erst dürfen wir erleben, wie die Liebe uns durch Erwünschtes und Überraschendes Fülle und volle Genüge schaffen kann.

Aus einem Brief von Dietrich Bonhoeffers jüngster Schwester Susanne

Friedrichsbrunn, 14. Dezember 1943

Lieber Dietrich!
Nun sitze ich hier oben in Schnee und Rauhreif bei wenig Feurung und bin in Gedanken doch ständig in Berlin.
Wie sehr hatte ich doch gehofft, mit den Kindern über Weihnachten zu Haus sein zu können und dann auch eine Sprecherlaubnis bei Dir zu bekommen.
Noch mehr hatte ich allerdings gehofft, dass Du zu Weihnachten wieder bei den Eltern sein könntest.
Aber vielleicht soll man in dieser Adventszeit lernen, auf andere Dinge zu hoffen.
Was mag nun die dunkle Zeit um Weihnachten wieder bringen?

(DBW 8, 230)

In guten Jahren sieht es in unserem Esszimmer bei der Bescherung für die vielen Feiernden wirklich ein bisschen nach Warenhaus aus – jedenfalls bis die Angestellten ihre Gaben vom Esstisch in der Mitte der Stube an sich genommen und mit dem Dank »Ich bin sehr zufrieden!« das Zimmer verlassen haben. Nun kann gedeckt werden. Wir Kinder verteilen unsere Geschenke untereinander und an die Eltern und Mitfeiernden, bewundern die vielen Tische und die eigenen Geschenke. Dann ist das Festessen bereit. Früher hat es zur Besänftigung der Mägen abends nur Grießsuppe gegeben. Darauf besinne ich mich aber nicht mehr. Ich weiß nur von Köstlichkeiten, abschließend mit dem ›großen‹ bunten Teller – einem Kupfertablett voll Marzipan, Konfekt, Nüssen und Datteln zur freien Auswahl.

Aus einem Brief Dietrich Bonhoeffers während der Zeit seines Vikariats

Barcelona, den 19. Dezember 1928

Liebe Eltern, liebe Großmama, liebe Geschwister!
Der Brief soll Euch am Heiligen Abend erreichen. Da werdet Ihr wohl alle zusammensein und ich werde über die 2000 km hinweg viel in Gedanken mit Euch feiern.
Nun ist ja wohl wieder einmal Ruhe eingekehrt in allen Euren Häusern, so dass es ein schönes Fest wird für alle. Noch kann ich es mir garnicht denken, dass ein Jahr herum ist, seit wir den letzten Baum schmückten und Weihnachten feierten. Die Zeit ist nur so im Fluge vorübergegangen.

(DBW 10, 118f.)

Nach Tisch wird dann musiziert. Die Tür vom Weihnachtszimmer zum Salon steht offen, und ich bleibe bei meinen Sachen. Um zehn Uhr gehen die Kleinen und die Alten zu Bett; nur die Jugend musiziert weiter. Beim Einschlafen weiß ich dann jedes Mal: So schön war es noch nie! Und ich bin sehr dankbar – wenn ich mich auch nicht bei meinen Eltern bedankt habe.

Aus einer Predigtmeditation zu Jesaja 5,5f.

Weihnachten 1940

Die Herrschaft, die auf den Schultern des Kindes in der Krippe liegt, besteht im geduldigen Tragen der Menschen und ihrer Schuld. Dieses Tragen aber fängt in der Krippe an, fängt dort an, wo das ewige Wort Gottes das menschliche Fleisch annahm und trug. Gerade in der Niedrigkeit und Schwachheit des Kindes nimmt die Herrschaft über alle Welt ihren Anfang.

(DBW 16, 635)

Musik, Farben, Linien, ja sogar Gefühle und Gedanken vergangener Zeiten lassen sich aus der Erinnerung heraus an andere weitergeben. Sie können erklärt, festgehalten und verglichen werden. Das ist aber unmöglich bei einem Duft, der uns berührt hat. Er bleibt unbeschreibliches Eigentum der Erinnerung. Der Duft des Weihnachtzimmers am ersten Feiertag morgens, wenn der Frühstückstisch gedeckt war, gehört zu den stärksten Genüssen meines Daseins. Das Frühstück wurde nicht gemeinsam, sondern je nach Neigung zum Aufstehen eingenommen. Stollen und Heringssalat waren unsere Besonderheit. Danach begegnete ich dem bunten Teller auf meinem Gabentisch mit frischen Kräften, spielend oder lesend. Die neuen Dinge, die mir jetzt gehören, werden vertrauter.

Aus einer Predigtmeditation zu Jesaja 5,5f.

Weihnachten 1940

Das ist die Herrschaft dieses Kindes,
dass es die Demütigen, Geringen,
die Sünder annimmt und trägt,
dass es aber die Stolzen, Hoffärtigen,
die Gerechten zunichte macht und verwirft.

DBW 16, 635

Habe ich das von jemand?«, frage ich, um zu erfahren, was wirklich vom Christkind ist. Mein Platz ist ganz dicht am Weihnachtsbaum, und bald beziehe ich ihn in meine Spiele mit ein. Puppen und Tiere werden unter ihm heimisch. Da werde ich jäh herausgerissen. Mein Vater geht mit uns spazieren. An die Luft! Ich habe ihm das nie verzeihen können. Aus der Fülle und Glückseligkeit hinaus ins Kalte. Ob nun Schnee lag oder nicht, es war mir immer schrecklich. Das Schuhwerk war geerbt und schlecht. Ich habe nie wieder so kalte, wehe Füße zu haben gemeint wie bei diesen den Beinen der großen Geschwister angepassten Märschen durch die Kolonie Grunewald. Sonst durfte ich meist nicht mit, wenn die Großen losliefen; hier hätte ich liebend gern darauf verzichtet. Dazu kam noch ein schlechtes Gewissen bei all meinem Leiden! Es war doch so nett von Papa, dass er mit uns spazierenging und mich mitnahm. An Widerstand habe ich nie zu denken gewagt. Ich trottete mit den Tränen kämpfend hinterher. Mit dem so gesunden Spaziergang am Vormittag war für mich der erste Rausch des Glücks zerstört und in diesem Maß nicht wieder herstellbar.

Aus einer Predigtmeditation zu Jesaja 5,5f.

Weihnachten 1940

»Wunder-Rat« – heißt dieses Kind.
In ihm ist das Wunder aller Wunder geschehen,
aus Gottes ewigem Rat
ging die Geburt des Heilandkindes hervor.
In der Gestalt eines Menschenkindes
gab Gott uns seinen Sohn,
Gott ward Mensch,
das Wort ward Fleisch.
Das ist das Wunder der Liebe Gottes zu uns
und es ist der unergründliche weise Rat,
dass diese Liebe uns gewinnt und rettet.

(DBW 16, 636)

Das Mittagessen wurde festlich im Kreis der Familie eingenommen, ohne Gäste. Der Nachmittag war ferneren Tanten gewidmet. Ich durfte mich in die Nachbarschaft aufmachen und Freunde besuchen. Dort waren die Bäume meist aus Edeltanne, mit weißen großen Kerzen, sehr dicht mit Lametta behängt. Gegen unseren bunten lustigen Baum wirkten sie ausgesprochen vornehm und zurückhaltend. Man schloss sich nicht aus, betonte aber mehr die dekorative Seite. Dietrich meinte, das wären jüdische Weihnachtsbäume. Ganz anders war es bei Anneliese Schnurmann. Auch dort war der Baum ein Wunderbaum, mit viel hübschem Zubehör. Wir lagen auf dem dicken Teppich, aßen schwäbisches Gebäck, legten Platten aufs Grammophon, lasen in neuen Büchern oder spielten für die kleinen Nichten ›Kasperle‹. Am schönsten war es, in der Dämmerung ein paar Kerzen anzuzünden und uns ausgedachte Geschichten zu erzählen. Hier war es gar nicht fremd für mich, sondern so schön wie zu Hause.

Aus einer Predigtmeditation zu Jesaja 5,5f.

Weihnachten 1940

Wer in Jesus das Wunder des Sohnes Gottes erkennt,
dem wird jedes seiner Worte und jede Tat zum Wunder,
der findet bei ihm in allen Nöten und Fragen
letzten, tiefsten, hilfreichsten Rat.
Geh zum Kind in der Krippe,
glaube in ihm den Sohn Gottes
und du findest in ihm Wunder über Wunder,
Rat über Rat.

(DBW 16, 636)

Wenn die Familie sich abends zusammenfand – die Geschwister hatten tagsüber ebenfalls das Weite gesucht – und die Lichter am Baum wieder brannten, Trio gespielt wurde und meine Mutter die Lieder von Peter Cornelius sang, dann spürte ich noch mal einen Höhepunkt der gläubigen Annahme des Weihnachtswunders. Abends im Bett konnte ich lange nicht einschlafen. Manchmal weinte ich, ohne recht zu wissen, was mich traurig machte. Es war wieder vorbei! Ich wusste ja vorher, dass es vorübergeht. Aber in meiner Kinderzeit fiel es mir nicht leicht, Freude loszulassen. An solch späten Abenden lernte ich jedoch, die Erinnerung im Herzen zu bewegen und zu bewahren – wie es von Maria hieß, nachdem die Hirten umgekehrt waren.

Aus einer Predigtmeditation zu Jesaja 5,5f.

Weihnachten 1940

»Gott-Kraft« – heißt dieses Kind.
Das Kind in der Krippe
ist kein anderer als Gott selbst.
Größeres kann nicht gesagt werden:
Gott wurde ein Kind.

(DBW 16, 636)

Oft war die ganze Familie (und das waren nie unter zehn Personen) am zweiten Feiertag bei Krückmanns zum Mittagessen eingeladen. Dass meine Eltern, die sonst selten ausgingen und sehr viel lieber Gäste bei sich im Haus sahen, diese Einladung annahmen, war – außer der Freundschaft, welche die Familien verband – auch Rücksichtnahme auf unsere Angestellten, die einen ganzen freien Tag haben sollten. Ob die Einladung von diesem sozialen Gesichtspunkt ausging und so vereinbart war, ist mir nicht klar; aber ich entsinne mich, dass darüber gesprochen wurde. Krückmanns waren Freunde, und ich ging natürlich besonders gern hin. Mit Irmgard, die gleichaltrig mit mir war, verband mich eine besonders innige Freundschaft. Wir hatten die ersten Jahre bei meiner Mutter gemeinsamen Schulunterricht gehabt, kannten uns aber, seitdem (oder besser: ehe) wir denken konnten.

Aus einer Predigtmeditation zu Jesaja 5,5f.

Weihnachten 1940

In dem Jesuskind der Maria
wohnt der allmächtige Gott.
Halt einen Augenblick inne!
Sprich nicht,
denk nicht weiter!
Bleib stehen vor diesem Wort!
Gott ist ein Kind geworden!

(DBW 16, 636)

So wie mein Vater sich bemühte, Geisteskranke gesund zu machen, versuchte sich Onkel Krückmann meiner Ansicht nach an Blinden. Das passte gut zusammen, wenn man an die Geschichten vom Herrn Jesus dachte. Sonst war er allerdings ganz anders als mein Vater: Er hatte Schmisse im Gesicht, machte viele (mir nicht immer recht fassbare) Späßchen, konnte lachen wie toll und zog mich vor (was ich mit Liebe erwiderte). Besonders erstaunlich war mir, dass er zu seiner Frau »meine Gnädige« sagte. Frau Krückmann war etwas sanfter und ein bisschen trauriger als meine Mutter. Zu essen gab es sehr gut und viel, selbst im Krieg. Wahrscheinlich haben sie sich auf diesen Einfall unserer Familie wie auf den eines Regiments vorbereitet. Bei Tisch ging es lebhaft zu, wie bei uns zu Hause. Merkwürdigerweise hatten sie aber kleine Flugzeuge am Weihnachtsbaum hängen. Ein bisschen anders musste das Christkind bei ihnen doch sein.

Nach einer Mittagspause (die in Gruppen verbracht wurde) und der reichlichen Vesper arrangierte meine Mutter dann schöne, gemeinsame Spiele. Zu Hause war es so selbstverständlich, dass meine Mutter in allem die Führung hatte, dass uns das hier gar nicht auffiel. Aber in dieser Umgebung wurde mir deutlich, dass sie wohl dazu bestimmt war, sogleich Unterhaltung und Leben, Kontakt und Fröhlichkeit in jede Gesellschaft zu bringen. Es wurde auch sehr schön musiziert bei Krückmanns, und ich bewunderte Irmgards reinen, kräftigen Sopran, wenn sie Solo sang.

Am 27. Dezember kam meine Mutter nie zum Frühstück herunter. Da hatte sie ihren ›dritten Feiertags-Magen‹. Mein Vater lächelte, und wir durften es auch. Vielleicht war daran nicht allein die gute Gänseleberpastete nach Vorfahrenart und das Königsberger Marzipan in hübschen Formen von Torten und Herzen schuld, von dem sie so viel bekam und dem sie nicht widerstehen konnte. Es war wohl eher die ganze Anstrengung der Vorbereitungen und der Festtage, die zu einem Erschöpfungszustand führte, der sich an ihrer empfindlichsten Stelle, dem Magen, äußerte. Jedenfalls war es regelmäßig so, und das gab uns Kindern ebenfalls das Recht zum Fasten, wenn wir zu viel gegessen hatten. Das Weihnachtszimmer befand sich an diesem Tag in Auflösung. Die Großen trugen ihre Sachen weg, und auch die Möbel nahmen wieder ihre althergebrachte Form ein: Die Schubladen wurden nicht mehr von weißen Tüchern verdeckt, hereingeschobene Tische verschwanden – nur wir drei Kleinen, dicht am Baum, wurden noch nicht vertrieben. Das geschah erst zwei Tage später, um Raum für die Geburtstagsfeier meiner Mutter zu schaffen. Dann mussten auch wir die Tische abbauen und die Sachen in unsere Zimmer bringen.

Aus einem Brief Dietrich Bonhoeffers aus der Haft

Tegel, 25. Dezember 1943

Liebe Eltern!
Weihnachten ist vorüber. Es hat mir ein paar stille, friedliche Stunden gebracht und vieles Vergangene war ganz gegenwärtig. Die Dankbarkeit dafür, dass Ihr und alle Geschwister in den schweren Luftangriffen bewahrt worden seid, und die Zuversicht, Euch in nicht zu ferner Zeit in Freiheit wiederzusehen, war größer als alles Bedrückende. Ich habe mir Eure und Marias Kerzen angezündet und die Weihnachtsgeschichte und einige schöne Weihnachtslieder gelesen und vor mich hingesummt, und habe dabei an Euch alle gedacht und gehofft, dass Ihr nach aller Unruhe der vergangenen Wochen doch auch eine friedliche Stunde finden möchtet. Euer Weihnachtspaket war eine große Freude. […] Von den Geschwistern bekam ich interessante Bücher und Weihnachtsgebäck. Ich lasse ihnen allen sehr dafür danken. […]
Es grüßt Euch von Herzen Euer Dietrich

(DBW 8, 263)

Spielsachen in Schränke und Schubladen zu verstauen war nicht schwierig. Bücher sinngemäß einzuordnen brauchte schon mehr Verstand und Zeit. Am schwierigsten aber war es, neue Puppen in die bereits bestehende Familie einzuführen. Das Gleichgewicht der Zuneigung, die sich im Zusammenleben ergeben hatte, wird so auf einmal gestört. Da sitzt nun ein in seiner reinen Schönheit arrogant wirkender Neuling zwischen dem vertrauten, vergrauten, leicht lädierten, aber meiner Liebe sicheren Kinderreichtum. Da hilft es nur, ihn erst ›täglich‹ anzuziehen, das heißt mit den nicht mehr ganz makellosen Stücken der anderen, und die feineren Sachen an die Allgemeinheit zu verteilen. Das ist ein Akt sozialer Gerechtigkeit – aber ich habe ein schlechtes Gewissen dabei und wünsche, dass mir niemand zusieht. Immerhin ist dem hinzugekommenen Puppenkind so, im freien Spiel der Kräfte, die Möglichkeit zur Entfaltung einer eigenen Persönlichkeit gegeben. Ich selber bin gespannt, wie es sich entwickelt.

Aus Dietrich Bonhoeffers »Ethik«

Wenn Gott in Jesus Christus Raum in der Welt beansprucht, – und sei es nur in einem Stalle, weil »sonst kein Raum in der Herberge« war – so fasst er in diesem engen Raum zugleich die ganze Wirklichkeit der Welt zusammen und offenbart ihren letzten Grund.

(DBW 6, 49)

Als ich über meine intensive Puppenspielzeit hinweg war, waren Bücher die schönsten Geschenke für mich. In den ersten Weihnachtstagen schmökerte ich möglichst in den Büchern der anderen, um mir den Genuss der eigenen lange aufzusparen. Manches davon wanderte allerdings von Heiligabend an mit ins Bett – und kam jeden Morgen wieder unter den Weihnachtsbaum, weil es nichts von dem Glanz verpassen sollte. Die Wollust, die mich beim Lesen der jungfräulichen Seiten eines gut gebundenen Buches erfüllte (in dem dann noch ab und zu ein buntes Bild erschien – wie die Bonbons in einem Wunderknäuel), kann ich heute noch nachfühlen. Mit Tierfiguren habe ich nicht viel gespielt; nur mit einem auf die Hand zu streifenden Hundchen, ›Pittel‹ genannt, den ich sehr liebte.

Aus Dietrich Bonhoeffers »Ethik«

Jesus Christus aber ist der Mensch und ist Gott in einem. In ihm findet die ursprüngliche und wesenhafte Begegnung mit dem Menschen und mit Gott statt. Von nun an kann der Mensch nicht mehr anders als in Jesus Christus und Gott nicht mehr anders als in der Menschengestalt Jesu Christi gedacht und erkannt werden. In ihm sehen wir die Menschheit als von Gott angenommene, getragene, geliebte, mit Gott versöhnte. In ihm sehen wir Gott in der Gestalt des ärmsten unserer Brüder. Es gibt keinen Menschen an sich wie es keinen Gott an sich gibt; beides sind leere Abstraktionen. Der Mensch ist in der Menschwerdung angenommen, in Christus geliebt und gerichtet und versöhnt, Gott ist der menschgewordene.

(DBW 6, 253)

Aber das ›Paradies‹ war das wunderbarste Geschenk meiner Kindheit: kleine, flache Zinnfigürchen mit allen erdenklichen Tieren, nebst Apfelbaum mit Schlange und rosigem Adam und Eva mit Feigenblatt! Der Grund und Boden dafür – Wiese, Strauchwerk mit Silbersee und ein kleiner Zaun – war das Gemeinschaftswerk der Geschwister. Überhaupt habe ich selbst gemachte Geschenke immer besonders schön gefunden. Wie herrlich war ein von den Großen für mich gebautes Puppentheater mit vielen Kulissen und Charakter-Spielern, die herrliche Gewänder trugen! Ich war noch zu klein, um eine Verknappung der Geschenke in der Kriegszeit zu empfinden – ich fand es immer überwältigend. Außer einer Pelzmütze habe ich wohl nie etwas zum Anziehen zu Weihnachten bekommen. Meine Erinnerungen an verbundene Augen und die tastenden Hände einer Schneiderin (ausgesprochen eklig) hängen wohl eher mit Geburtstagen zusammen.

Aus einer Predigtmeditation zu Jesaja 5,5f.

Weihnachten 1940

Gott ist ein Kind geworden! Hier ist es arm wie wir, elend und hilflos wie wir, ein Mensch von Fleisch und Blut wie wir, unser Bruder. Und doch ist es Gott, doch ist es Kraft. Wo ist die Gottheit, wo ist die Kraft dieses Kindes? In der göttlichen Liebe, in der es uns gleich wurde. Sein Elend in der Krippe ist seine Kraft. In der Kraft der Liebe überwindet es die Kluft zwischen Gott und den Menschen.

(DBW 16, 636)

Immer lag auf dem Weihnachtstisch Briefpapier. Schön liniert, oben links ein buntes Bildchen, später ein Scherenschnitt, dann die verschlungenen Buchstaben S. B., unliniert. Ich habe diesen verlockenden Anreizen immer gut widerstehen können und diese Gabe gleich tief nach unten geschoben, um nicht an den Zweck erinnert zu werden. Ich schrieb doch so ungern! Es war herrlich, Pakete am Heiligen Abend auszupacken, und ich war wirklich sehr dankbar dafür – aber Briefe zu schreiben war eine Qual. Erst Händewaschen (was nie wirklich erfolgreich war), dann gerade sitzen, den Kopf nicht herunterhängen lassen, nicht am Halter kauen! Schon war das Papier knitterig und mit Fingerabdrücken versehen, ehe ich überhaupt anfing.

Aus einer Predigtmeditation zu Jesaja 5,5f.

Weihnachten 1940

»Ewig-Vater« – wie kann dies der Name des Kindes sein? Nur so, dass sich in diesem Kinde die ewige väterliche Liebe Gottes offenbart und dass das Kind nichts anderes will, als die Liebe des Vaters auf die Erde bringen. Dieses Kind will nichts für sich sein, kein Wunderkind im menschlichen Sinne, sondern ein gehorsames Kind seines himmlischen Vaters. In der Zeit geboren bringt es die Ewigkeit mit sich auf Erden, als Sohn Gottes bringt es uns allen die Liebe des Vaters im Himmel.

(DBW 16, 637)

Schreib doch einfach, was dir einfällt«, riet Hörnchen. Ja, das war ja die Schwierigkeit! Mir fiel genug ein, aber es hätte viel zu lange gedauert, das alles aufzuschreiben. Ich musste lange nachdenken, um meine Einfälle mit möglichst wenig Buchstaben zu Papier zu bringen. Je weniger Buchstaben, je weniger Möglichkeiten zu Fehlern; je weniger Gefahr, den Brief noch mal abschreiben zu müssen – vielleicht mit noch mehr Fehlern. Je kleiner der Bogen, desto größer der Mut, überhaupt zu beginnen.

Aus einer Predigtmeditation zu Jesaja 5,5f.

Weihnachten 1940

»Friede-Fürst« – wo Gott in Liebe zu den Menschen kommt, sich mit ihnen vereint, dort ist Friede geschlossen zwischen Gott und Mensch und zwischen Mensch und Mensch.

(DBW 16, 637)

Es waren immer dieselben guten Onkel und Tanten, denen man danken musste – und dass der eine auch noch ›Superintendent‹ war, verkomplizierte die Adresse sehr. Und warum musste man sich beim Tübinger Christkind bedanken, das der Großmama die Geschenke gegeben hatte? Unseres tat alles unbedankt. Meist aber kam ja die Großmama selbst und brachte die ›Christkindle‹ mit. Als ich später meine Dankes-Briefe ohne Kontrolle schrieb, machte es mehr Freude. Ich schrieb lang und formlos, ohne Kommas, schlecht lesbar – aber eben, was mir einfiel. Doch noch einmal durchlesen ging zu weit! Einen Brief von anderen abzuschreiben war unwürdig und langweilig und brachte keine Vorteile, weil ich auch dabei schluderte und Worte ausließ. Oft zogen sich die Briefschulden bis Ende Januar hin. Und wenn ich auch später gern lange Briefe schrieb – mein Angstkomplex vor einem sauberen Dankes-Brief wurde nie überwunden.

Aus einer Predigtmeditation zu Jesaja 5,5f.

Weihnachten 1940

Fürchtest du dich vor Gottes Zorn,
so geh zum Kind in der Krippe
und lass dir hier den Frieden Gottes schenken.
Bist du in Streit und Hass mit deinem Bruder zerfallen,
komm und sieh,
wie Gott aus lauter Liebe unser Bruder geworden ist
und uns miteinander versöhnen will.
In der Welt herrscht die Gewalt,
dieses Kind ist der Fürst des Friedens.
Wo es ist,
dort herrscht Friede.

(DBW 16, 637)

Wenn mein Vater am 30. Dezember durch die Zimmer seiner Kinder ging und fragte: »Habt ihr etwas für Mama? Ich will den Geburtstagstisch für sie aufbauen!«, dann wirkte er gar nicht mehr patriarchalisch auf mich, sondern eher ängstlich und rührend. Die Eltern waren sich ja darüber im Klaren, dass dieser Geburtstagstermin ein schweres Kreuz für uns war. Wann sollte man dafür etwas vorbereiten, so kurz nach Weihnachten? Und vorher war nie Zeit. Gekauft galt nicht. Ich sehe mich noch (zu Recht) dem Hohngelächter meiner Geschwister preisgegeben, als ich ein in fünf Minuten selbst gemaltes Bild darreichte – in einem Alter, wo das eben schon nicht mehr niedlich war. Daraufhin habe ich das Geschenk für meine Mutter immer schon vor allen Weihnachtsgeschenken fertig gemacht und habe mich nie wieder lumpen lassen.

Aus einer Predigtmeditation zu Jesaja 5,5f.

Weihnachten 1940

»Wunder-Rat, Gott-Kraft, Ewig-Vater, Friede-Fürst« – so sprechen wir an der Krippe von Bethlehem, so überstürzen sich unsere Worte beim Anblick des göttlichen Kindes. Diese Worte aber sind ja im Grunde nichts anderes als ein wortloses Schweigen der Anbetung vor dem Unaussprechlichen, der Gegenwart Gottes in der Gestalt eines Menschenkindes.

(DBW 16, 637)

Christrosen und Marzipan gehörten auf den Tisch und von uns Gesägtes, Genähtes oder Gebackenes. Einmal brachte ihr eine Cousine ein Stück Seife. Das fanden wir unerhört komisch! Der Geburtstag wurde als ein großer Festtag begangen, und mein Vater war sehr besorgt, dass auch alles so schön wie möglich gelänge. Festessen, Gäste, natürlich Verwandte in Mengen (die man deshalb an den vorausgehenden Festtagen hatte aussparen können), Hausmusik, Aufführungen von uns Kindern – irgendeine Festmüdigkeit nach den Feiertagen durfte nicht aufkommen. Und je mehr meine Mutter gefeiert wurde, umso mehr strahlte mein Vater.

Aus einer Predigtmeditation zu Jesaja 5,5f.

Weihnachten 1940

Die heimliche unsichtbare Herrschaft des göttlichen Kindes über die Menschenherzen ist fester gegründet als die sichtbare und glänzende Macht irdischer Herren. Zuletzt muss alle Herrschaft auf Erden allein der Herrschaft Jesu Christi über die Menschen dienen.

(DBW 16, 638)

Das Schönste war aber, dass sie an diesem Tag fast jedes Jahr das alte Rotkäppchen-Stück für uns aufführte. Ihre Mutter hatte das Theater als Kind bekommen; der Künstlerkreis um deren Vater hatte Kulissen gemalt und die Püppchen geformt und gekleidet; der Text war eine kindliche Nachdichtung des Tieck'schen Märchen-Dramas*. Mama konnte es ganz auswendig, sprach alle Rollen allein und führte auch die Figuren. Nur in wenigen Szenen brauchte sie eine helfende Hand. Ihre Stimme war so modulationsfähig, dass sogar die Erwachsenen nicht merkten, dass sie der einzige Sprecher war. Besonders der grimmige Wolf ließ uns bei seinem langen Monolog erschaudern. Nach dieser Anstrengung war sie dann aber immer sehr vergnügt und freute sich der allgemeinen Begeisterung. So sorgte sie dafür, dass ihr Geburtstag nicht ein eintöniger Tantentee für uns wurde – sie war gar nicht in der Lage, sich und andere zu langweilen.

Aus einer Predigtmeditation zu Jesaja 5,5f.

Weihnachten 1940

Mit der Geburt Jesu ist das große Friedensreich angebrochen. Ist es nicht ein Wunder, dass dort, wo Jesus wirklich Herr über die Menschen geworden ist, auch Friede herrscht? Dass es eine Christenheit gibt auf der ganzen Erde, in der es mitten in der Welt Friede gibt? Nur wo man Jesus nicht herrschen lässt, wo menschlicher Eigensinn, Trotz, Hass und Begehrlichkeit sich ungebrochen ausleben dürfen, dort kann kein Friede sein.

(DBW 16, 638)

Am Tag darauf, in der Silvesternacht, fand die Festzeit im Kreis der Familie und in der nächsten Freund- und Verwandtschaft dann ihren Abschluss. Kirchgang war uns hier (wie auch am Heiligen Abend) fremd. Dafür hatten sich aber in unserer Familienfeier streng kultische Formen ausgeprägt: Man versammelte sich gegen zehn Uhr abends und trank Punsch aus alten, nur an diesem Abend gebrauchten Gläsern. Dazu gab es Pfannkuchen. Dann wurde eine große Wanne mit Wasser auf den Tisch gestellt, und wir ließen ›Schiffchen‹ schwimmen: zwei große Nussschalen mit je einem winzigen Licht. Trafen sie zusammen, dann ging der angegebene oder auch unausgesprochne Herzenswunsch in Erfüllung. Man konnte auf diese Art auch Sommerreisepläne und Ähnliches diskret den höheren Stellen vermitteln. Das Problem, ob Wellen gemacht werden dürfen, um ein leichtes *corriger la fortune* zu betreiben, blieb immer eine offene Streitfrage. Alsdann ging es ans Bleigießen und Ausdeuten der bizarren Gebilde, worin mein Vater Autorität war. Die Schattenwirkung mit einzubeziehen, was plötzlich üblich wurde, erschien mir artfremd. Noch ein Glas Punsch, und dann wurden Karten gezogen.

Aus einer Predigtmeditation zu Jesaja 5,5f.

Weihnachten 1940

Nicht durch Gewalt will Jesus sein Friedensreich aufrichten, sondern wo Menschen sich willig ihm unterwerfen, ihn über sich herrschen lassen, dort schenkt er ihnen seinen wunderbaren Frieden.

(DBW 16, 638)

Wahrsage-Karten! Gedruckter, aber eigenster Familienbesitz, gemalt von meiner Patentante Helene York-Kalckreuth, gedichtet von ihrem Mann. Ich konnte sie bald alle auswendig, diese zukunftsweisenden Verschen. Aber Zauber und Spannung haben nie aufgehört bei diesem Spiel einmal im Jahr – und ein bisschen glaubte man im betreffenden Moment doch daran. Wenn meine Mutter aber zog »Blanker Helm auf stolzem Haupt hat dein wehrlos Herz geraubt!«, dann war die Heiterkeit groß. Bis halb zwölf Uhr waren diese weltlichen Bräuche erledigt; die Kerzen wurden noch einmal angesteckt, die Angestellten hereingerufen, der feierliche Teil begann. Für mich war er das Schönste an diesem Abend, und ich glaubte, ihn nie entbehren zu können. Meine Mutter las den 90. Psalm: »Herr Gott, du bist unsere Zuflucht für und für!« Bei den letzten Worten: »Ja, das Werk unserer Hände wolle er fördern«, fühlte ich mich zu einer Lebensleistung gerufen. Ich war gewillt, das kommende Jahr so zu leben, dass es sich auf das Endziel in den fernen Jahren des Erwachsenseins ausrichtete, wo es auf das ›Werk der Hände‹ ankommen würde.

Aus einer Predigtmeditation zu Jesaja 5,5f.

Weihnachten 1940

Ein Reich des Friedens und der Gerechtigkeit, unerfüllte Sehnsucht der Menschen, ist mit der Geburt des göttlichen Kindes angebrochen. Wir sind zu diesem Reich berufen. Wir können es finden, wenn wir in der Kirche, in der Gemeinde der Gläubigen Wort und Sakrament des Herrn Jesus Christus annehmen, uns seiner Herrschaft unterwerfen, wenn wir in dem Kind in der Krippe unseren Heiland und Erretter erkennen und uns ein neues Leben in der Liebe von ihm schenken lassen.

(DBW 16, 639)

Ein Vers nach dem anderen wurde anschließend das lange Silvesterlied von Paul Gerhardt gesungen, wobei meine Mutter wieder vorsprach. Wenn ich auch die letzten Weihnachten im Krieg noch nicht recht bewusst erlebt habe – die Tränen meiner Mutter, deren Gesicht unbewegt blieb und deren Stimme führend durchhielt, während andere versagten, vergesse ich nicht! Wenn die Glocken läuteten, wünschte man sich am offenen Fenster ein gutes Jahr und die – in unserer Familie sonst nicht üblichen – Küsse wurden getauscht. Still und besinnlich sah man die letzten Kerzen verglimmen, die langen Schatten an Wänden und Decke zittern. Als brennende Frage (die wohl andere Fragen an das neue Jahr gern verdrängte) blieb die Spannung im Raum, welche Kerze als letzte verlöschen würde. Als sie sich schließlich von selbst beantwortet hatte, ging man geruhsam ins Bett.

Predigt zu Offenbarung 3,20

Barcelona, 1. Advent, 2. Dezember 1928

Christus klopft an, noch ist nicht Weihnachten, aber noch ist's auch nicht der große letzte Advent, das letzte Kommen Christi, und durch alle Advente unseres Lebens, die wir feiern, geht die Sehnsucht nach dem letzten Advent, wo es heißt: Siehe ich mache alles neu. Adventszeit ist Wartezeit, unser ganzes Leben aber ist Advents-, das heißt Wartezeit aufs letzte, auf die Zeit, da ein neuer Himmel und eine neue Erde sein wird, da die Menschen alle Brüder sind und man's jubelt, die Worte der Engel: Friede auf Erden und den Menschen ein Wohlgefallen.

(DBW 10, 533)

Zu Neujahr waren wir dann mit Recht der Festlichkeiten überdrüssig. Die Angestellten hatten frei, man durfte beliebig ausschlafen, obwohl in der Silvesternacht bereits um ein Uhr alles Licht gelöscht worden war. Jedenfalls nahm am Neujahrstag die Familie voneinander Abstand; jeder ging seine eigenen Wege – und ich wollte mit meinen Freundinnen ›den alten Adam ersäufen‹*! Wir trafen uns zu viert oder fünft am Roseneck und wanderten, wenn Frost war, dem Grunewald-See zu mit dem festen Wunsch, ihn zu überqueren. Es war wohl in meiner Konfirmandenzeit, dass dieser Brauch aufkam. Manchmal war am Ufer noch Wasser, und wir legten uns Brücken aus Ästen bis zur Eisschicht. Es hat uns auch nie jemand ermahnt, abgehalten oder für verrückt erklärt, was mich jetzt noch wundert. Für uns war es Sport und Gottesurteil. Als wir nämlich das erste Mal bei scheinbar dicker Eisdecke in tiefen Gesprächen über gute Vorsätze, Lebensaufgaben, Hoffnungen und Jahressoll hinübergingen, knackte es so erheblich unter uns, dass uns doch sehr schauderte und wir nicht wussten, ob vor oder zurück. Da tröstete ich die Gesellschaft mit der Vorstellung, hier würde allenfalls unser alter Adam ersaufen, unser Wesentliches wäre wasserfest.

Dies gab uns neuen Mut auszuschreiten – und dem Neujahrs-Spaziergang seinen Namen. Denn nun mussten wir Jahr für Jahr nachsehen, ob unser alter Adam reif zum Ersäufen wäre. Meist war es völlig gefahr- und damit reizlos, wenn sowieso alles Schlittschuh lief. Dann nahmen wir das als Bestätigung unseres Lebensrechts. Wie oft wir uns wirklich der Todesgefahr aussetzten, weiß ich nicht mehr genau. Natürlich wusste bei keinem von uns irgendwer zu Hause etwas von diesem Experiment. Dass man in jungen Jahren manchmal unbekümmert sein Leben aufs Spiel setzt, ist wohl üblich. Dass man es sich aber Jahr für Jahr ganz gelassen und doch mit einem leichten Grausen im Blut (das man gleichzeitig genießt) zum Prinzip macht, war wohl doch eine Degenerations-Erscheinung der Zwanzigerjahre. Nicht jeder durfte dabeisein. Nur wer Schweigen konnte und unser Vertrauen restlos genoss. Es ist auch nie herausgekommen. Sonst traf man in der Gegend immer und überall Bekannte, aber wahrscheinlich war es am Neujahrsmorgen (wenn nicht gerade Eisbahn war) ziemlich unbelebt am See. Den Rückweg nahmen wir immer am Ufer entlang, nicht mehr über das Eis – das wäre uns sonst wie Gottversuchen vorgekommen.

Gedicht »Von guten Mächten«*

Weihnachten 1944 / Neujahr 1945

1. *Von guten Mächten treu und still umgeben*
   behütet und getröstet wunderbar, –
   so will ich diese Tage mit euch leben
   und mit euch gehen in ein neues Jahr;

2. *noch will das alte unsre Herzen quälen*
   noch drückt uns böser Tage schwere Last,
   Ach Herr, gib unsern aufgeschreckten Seelen
   das Heil, für das Du uns geschaffen hast.

3. *Und reichst Du uns den schweren Kelch, den bittern,*
   des Leids, gefüllt bis an den höchsten Rand,
   so nehmen wir ihn dankbar ohne Zittern
   aus Deiner guten und geliebten Hand.

4. *Doch willst Du uns noch einmal Freude schenken*
an dieser Welt und ihrer Sonne Glanz,
dann woll'n wir des Vergangenen gedenken,
und dann gehört Dir unser Leben ganz.

5. *Lass warm und hell die Kerzen heute flammen*
die Du in unsre Dunkelheit gebracht,
führ, wenn es sein kann, wieder uns zusammen!
Wir wissen es, Dein Licht scheint in der Nacht.

6. *Wenn sich die Stille nun tief um uns breitet*
so lass uns hören jenen vollen Klang
der Welt, die unsichtbar sich um uns weitet,
all Deiner Kinder hohen Lobgesang.

7. *Von guten Mächten wunderbar geborgen*
erwarten wir getrost, was kommen mag.
Gott ist bei uns am Abend und am Morgen,
und ganz gewiss an jedem neuen Tag.

(DBW 8, 607f.)

Wort- und Sach-Erklärungen

»Hörnchen« ist der Spitzname für Maria Horn, die langjährige und vielgeliebte Erzieherin der Bonhoeffer-Kinder.

Die Charité wurde 1710 gegründet und ist das älteste Krankenhaus in Berlin. Karl Bonhoeffer, der Vater von Dietrich und Susanne, war dort seit 1912 als Direktor der psychiatrischen Klinik tätig.

Felix Dahn (1834-1912) war Jura-Professor in Breslau und mit Familie Bonhoeffer persönlich bekannt; seine Dichtungen werden von Susanne mehrfach erwähnt.

Peter Cornelius (1824–1874) war ein deutscher Dichter und Komponist.

Vials tonischer Wein, ein damals gebräuchliches Stärkungsmittel, das zur Muskelentspannung verhelfen sollte.

»In diesem Gebäude«: Auf der Vorderseite der Briefkarte befindet sich die Zeichnung des Brown Memorial Tower im Union Theological Seminary.

Anspielung auf Genesis 1,27, wo es heißt: »Und Gott schuf den Menschen zu seinem Bilde.«

Ludwig Tieck, Leben und Tod des kleinen Rotkäppchen. Eine Tragödie. In: Ludwig Tieck, Romantische Dichtungen, 2 Bde., Jena 1800.

Zu »den alten Adam ersäufen«: Dies ist eine Anspielung auf einen Aphorismus, der von Martin Luther überliefert ist: »Wir müssen unseren alten Adam täglich ersäufen. Aber Vorsicht, der Sauhund kann schwimmen!« Mit diesem Ausspruch bezog sich Luther wiederum auf eine Bibelstelle im Römerbrief, wo der Apostel Paulus darüber schreibt, dass der »alte Adam« mit seiner Sünde gestorben ist, und dies mit der Taufe in Verbindung bringt (Röm 5,12-6,11).

Zum Gedicht »Von guten Mächten«: Dieses Gedicht ist dem letzten längeren Brief aus der Haft zu Weihnachten 1944 beigelegt. An seine Verlobte Maria von Wedemeyer schreibt Dietrich Bonhoeffer zu diesem Text: »Hier noch ein paar Verse, die mir in den letzten Abenden einfielen. Sie sind der Weihnachtsgruß für Dich und die Eltern und Geschwister.«

Quellen

Alle Zitate von Susanne Dreß (in der Regel auf den linken Seiten dieses Buches) sind dem folgenden Werk entnommen: Aus dem Leben der Familie Bonhoeffer. Die Aufzeichnungen von Dietrich Bonhoeffers jüngster Schwester Susanne Dreß. Herausgegeben, eingeleitet und kommentiert von Jutta Koslowski. Mit einem Geleitwort von Andreas Dreß, Gütersloher Verlagshaus, Gütersloh 2018, Kapitel 2.3 ›Die Weihnachtszeit in der Familie Bonhoeffer‹, S. 157–192.

Alle Zitate von Dietrich Bonhoeffer (in der Regel auf den rechten Seiten dieses Buches) sind der Gesamtausgabe seiner Werke entnommen: Dietrich Bonhoeffer Werke (DBW). Herausgegeben von Eberhard Bethge u.a., 17 Bde., Gütersloher Verlagshaus, Gütersloh 2015.

Bibliografische Information der Deutschen Nationalbibliothek
Die Deutsche Nationalbibliothek verzeichnet diese Publikation in der Deutschen Nationalbibliografie; detaillierte bibliografische Daten sind im Internet über https://portal.dnb.de abrufbar.

MIX
Papier aus verantwortungsvollen Quellen
FSC® C084279
FSC
www.fsc.org

Klimaneutral
Druckprodukt
ClimatePartner.com/12559-1708-1001

Verlagsgruppe Random House FSC® N001967

Das Bonhoeffer Weihnachtsbuch,
herausgegeben von Jutta Koslowski

1. Auflage

Cover- und Inhaltsmotive: pixabay.com
Druck und Bindung: Print Consult, München
ISBN 978-3-579-01487-6
www.gtvh.de